Birgit Budelmann · Jannie Kathmann

· ·

Die Körpersprache der Pferde

Econ & List Taschenbuch Verlag

Econ & List Taschenbuch Verlag 1999
Der Econ & List Taschenbuch Verlag ist ein Unternehmen der
Verlagshaus Goethestraße GmbH & Co. KG, München
Originalausgabe
© 1999 by Verlagshaus Goethestraße GmbH & Co. KG, München
Umschlagkonzept: Büro Meyer & Schmidt, München – Jorge Schmidt
Titelkonzept und Umschlaggestaltung: Petra Soeltzer, Düsseldorf
Titelabbildung: Images / Premium
Abbildungen im Innenteil: Birgit Budelmann, Peter Prohn
Die Ratschläge in diesem Buch sind von Autorinnen und Verlag sorgfältig er-
wogen und geprüft; dennoch kann eine Garantie nicht übernommen werden.
Eine Haftung der Autorinnen bzw. des Verlages und seiner Beauftragten für
Personen-, Sach- und Vermögensschäden ist ausgeschlossen.
Satz: Dörlemann Satz, Lemförde
Gesetzt aus der Corporate
Druck und Bindearbeiten: Ebner Ulm
Printed in Germany
ISBN 3-612-20648-6

Inhalt

Einleitung

• •

2,4 Millionen Deutsche – für sie alle liegt das größte Glück
der Erde auf dem Rücken der Pferde. Seit vier Jahrtausenden
ist das Pferd der Wegbegleiter des Menschen. Als er es zum
ersten Mal bestieg, war es seiner Natur längst nicht so ent-
fremdet wie heute. Durch kluge Zucht wurden beim Pferd im
Laufe der Zeit Eigenschaften gefördert, die dem Menschen
dienlich sind. So tragen wir heute die Verantwortung für dieses Tier, das nur noch selten in einer natürlichen tiergerech-
ten Umgebung leben darf. Doch wie gehen wir mit dieser Verantwortung um? Man darf sich nicht täuschen, das Pferd ist
seinem Wesen nach das Tier geblieben, das in die Weite der
Landschaft gehört. Was sich im Laufe der Geschichte bis
heute nicht geändert hat, sind die Bedürfnisse nach freier Natur, Bewegung und Kontakt mit Artgenossen: Sie sind bei domestizierten Pferden die gleichen wie bei wildlebenden. Diesen Bedürfnissen sollte der Mensch gerecht werden, wenn er
mit Pferden umgeht. Wie Thomas Hartwig, Pressesprecher
der Deutschen Reiterlichen Vereinigung (FN), sagt: »Unwis-
sen und Unfähigkeit« sind die größten Probleme. Die Leute
müssen lernen, »alles aus der Pferdeperspektive zu betrachten.« Sie müssen auf die tierischen Bedürfnisse achten. Voll-
kommene Harmonie zwischen Mensch und Tier gilt für alle
Pferdefans als die Erfüllung schlechthin. Es geht also darum,
die Kommunikation zwischen Mensch und Pferd zu verbes-
sern, damit sie in dieser Harmonie miteinander umgehen

können. Das Pferd soll den Menschen wahrnehmen und respektieren – das ist das Ziel. Wahrnehmen bedeutet, Körpersignale und Verhalten zu erkennen.

Die Sprache des Körpers ist die primäre, sie ist deutlicher als die gesprochener Wörter. Für Menschen gibt es immer zwei Kommunikationsebenen, eine verbale, bei der eine Information durch das gesprochene Wort vermittelt wird, und eine nonverbale, die Körpersprache. Mit unserem Körperverhalten senden wir bestimmte Signale aus. Mensch und Tier können nur auf dieser nichtsprachlichen Ebene miteinander kommunizieren. Zwar verstehen Tiere bestimmte ausgesprochene Befehle, aber besonders Pferde reagieren stark auf unser Körperverhalten, da sie selbst über eine ausgeprägte Körpersprache verfügen. Der Mensch wirkt durch Haltung und Verhalten wie ein Reiz oder ein Reflex auf seine Umgebung.

Pferderennen in St. Moritz 1999.
Eine seltene, außergewöhnliche Partnerschaft wird beim Skikjöring deutlich.

Daher gibt es immer eine Rückkopplung, ein Feedback. So wird auch die Einstellung bzw. die innere Haltung des Menschen vom Tier empfangen und umgesetzt.

Wichtigste Voraussetzungen für den Menschen im Umgang mit dem vierbeinigen Gefährten sind die Kenntnisse des geschichtlichen Werdegangs der Pferde sowie ihres artspezifischen Verhaltens. Ein derart vorgebildeter Mensch strahlt mit seinem Körper dieses Wissen und damit Ruhe und Überzeugung aus. Und darauf reagiert das Pferd. Begleiten Sie deshalb, verehrte Leserin, verehrter Leser, bei der Lektüre dieses Buches das Pferd von der Wiege bis zum ausgebildeten Partner des Menschen.

Vom Urpferd zum Hauspferd

• •

Betrachtet man die unterschiedlichen Erscheinungsbilder der heutigen Pferderassen, vom Mini-Shetland-Pony bis zum Shire-Horse, so entsteht leicht der Eindruck, als hätten sie unterschiedliche Ahnen. Aber sie stammen natürlich alle von Wildpferden ab. Allerdings sind sich die Zoologen nicht einig, wenn es um Wildpferde geht. Manche erkennen nur ein nacheiszeitliches Wildpferd an, das sie für die Stammform aller

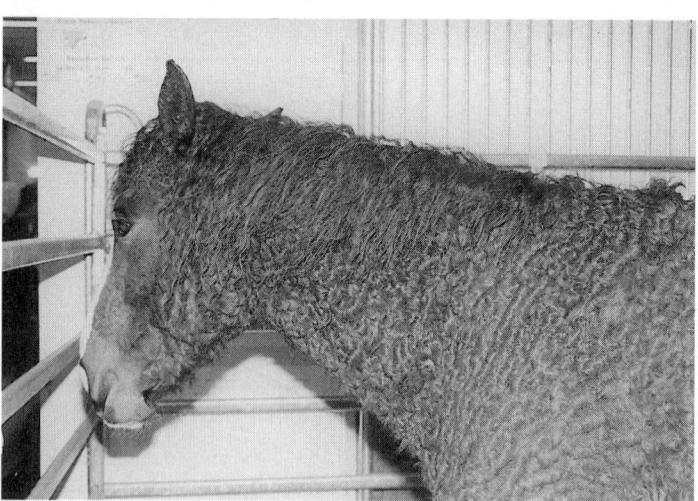

Equitana 1999. Das American Curley Horse wurde speziell für Pferdehaar-Allergiker gezüchtet. Auch diese Rasse läßt sich auf die Urformen zurückführen.

Hauspferderassen halten: das Mongolische Wildpferd (Equus przewalskii Polijakow).

Vermutlich gibt es zwei Gebiete, in denen Wildpferde domestiziert wurden. Das eine liegt im europäischen, das andere im asiatischen Teil der ehemaligen UdSSR. Die ungefähr 136 cm hohen Wildpferde Kasachstans waren größer und kompakter als die schlankeren, ungefähr 127 cm großen Pferde im Südwesten. Zunächst dienten die Wildpferde nur als Jagdbeute. Die endgültige Domestizierung erfolgte im 4. Jahrtausend vor Christus. Mit der zunehmend systematischen Zucht von Hauspferden galten die Wildpferde nur noch als lästige Weidekonkurrenten. Wie der Tarpan in den Steppengebieten der Ukraine wurden sie gegen Ende des 19. Jahrhunderts beinahe vollständig ausgerottet. Schließlich waren die Wissenschaftler davon überzeugt, daß sämtliche echten Wildpferde ausgestorben seien, bis 1878 der Forscher Nikolaj Michailowitsch Przewalski in den asiatischen Wüsten eine Herde östlicher Steppenwildpferde sichtete. Die Entdeckung erregte bei Betreibern von zoologischen Gärten und Wildgehegen den Wunsch, solche Tiere zu besitzen. 1899 wurden die ersten scheuen, jetzt Przewalski-Pferde genannten Fohlen gefangen. Der bekannte Hamburger Tierhändler Carl Hagenbeck brachte 1901 28 Fohlen nach Europa. Die Nachzucht gestaltete sich als ausgesprochen schwierig, da sich die Tiere in Gefangenschaft nicht gut fortpflanzten. Lediglich 31 Przewalski-Pferde überlebten den 2. Weltkrieg. Erst in den 70er Jahren ging es mit der Zucht aufwärts, und mittlerweile ist der Gesamtbestand der letzten echten Wildpferde auf rund 1800 Tiere angewachsen.

Das Przewalski-Pferd, auch östliches Steppenpferd oder mongolisches Wildpferd genannt, unterscheidet sich genetisch vom Hauspferd, da es zwei Chromosomen mehr, nämlich 66 besitzt. Es weist zahlreiche primitive Merkmale auf. Hierzu gehört der große Kopf mit relativ hoch sitzenden Augen und langen Ohren, ein kräftiger Hals, ein schwerer Körper sowie ein dunkler Aalstrich auf dem Rücken und Zebrastreifen an den Beinen. Es hat ein rötlich-gelb gefärbtes Fell. Mähne und Schweif sind dunkel, das Maul ist meist hell (Mehlmaul). Die Mähne steht aufrecht und wird jedes Frühjahr wie die oberen kurzen Schweifhaare abgeworfen. Ein Stirnschopf fehlt ganz. Die Przewalski-Pferde leben in Familienverbänden, die aus einem Hengst, einigen Stuten und den Fohlen bestehen. Das ranghöchste Tier ist der Hengst, der bei Gefahr die Nachhut bildet und sich notfalls dem Feind stellt. Die Gruppe wird von der Leitstute angeführt. Vermutlich bilden die jungen Hengste nach der Geschlechtsreife eigene Verbände, bis sie stark genug sind, Stuten zu erobern und Familien zu gründen.

Außer dem Przewalski-Pferd gibt es keine reinen Wildpferdformen mehr. Zwar sind verschiedene Hauspferderassen noch sehr urtümlich, aber sie sind züchterisch beeinflußt und mehr oder weniger durch andere Rassen verändert. Auch die Mustangs Nordamerikas gehen auf Hauspferde zurück, die die Spanier für die Eroberung Amerikas mitbrachten. Lediglich zwei Rassen gehen offensichtlich direkt auf Wildpferdelinien zurück und sind nahezu rein erhalten geblieben: das Exmoor-Pony und das Sorraia-Pferd.

Für eine Wildform spricht der einheitliche, primitive Phänotyp des Sorraia-Pferdes, das folgende Merkmale aufweist: Falbfarbe mit Aalstrich, Zebrierung und dunkle Gesichts- und Maulpartie, zweifarbige Mähne und Schweif, hoch angesetzte Augen, mittellange Ohren, relativ kleine, ovale Hufe, Fehlen von Kötenhaaren an den Fesselgelenken.

Untersuchungen zeigten bei den Sorraias ein DNA-Muster, wie es bei Hauspferden sonst nicht zu finden ist. Es ähnelt eher dem der mongolischen Wildpferde. Das spricht für den primitiven Status der Sorraias. Nur die polnischen Koniks, die als direkte Tarpan-Nachkommen gelten, haben auch dieses genetische Muster; ebenso einige nordamerikanische

Mustangs, was wiederum deren Verwandtschaft mit den Sorraias belegt. Die Gesamtpopulation der Sorraias zählt heute in Portugal nur noch knapp 100 Tiere. In Deutschland werden 40 bis 50 Sorraias gehalten.

Es wäre sehr wünschenswert, wenn das Sorraia-Pferd zoologisch als Wildpferd anerkannt würde. Solange dies nicht der Fall ist, fühlen sich Organisationen wie z.B. der WWF nicht angesprochen, es im Sinne der Erhaltung der Artenvielfalt zu schützen und zu fördern.

Saupark Springe, 1999. Ein urtypisches Przewalski-Pferd, hier mit Forstamtsrat Joachim Hennig.

Saupark Springe, 1999. Das iberische Urpferd: Sorraia

Das Ausdrucksverhalten der Pferde

• •

Das Ausdrucksverhalten der Pferde spiegelt sich nicht nur im Gesicht und an einzelnen Körperteilen wider, es ist im Gesamterscheinungsbild der Tiere zu sehen. Pferde sind in der Lage, vielerlei Signale auszusenden. Sie teilen ihre Absichten, ihre geistige und körperliche Verfassung, ihre derzeitige Beschäftigung und auch ihre Ansichten über Vorgänge in der Umgebung mit. Pferde verfügen über eine vielschichtige Körpersprache. Man kann ständig ihre Gebärden mit dem Kopf, den Beinen und dem ganzen Körper beobachten. Diese Gebärden ergänzen sie durch Positionsveränderungen der Ohren, des Schweifes und des Halses. Stand und Körperhaltung verraten die Laune und körperliche Verfassung eines Pferdes. Um die komplexe Körpersprache deuten zu können, spielen neben dem gesamten Ausdrucksverhalten auch die soziale Stellung des Tieres in der Herde, das Alter und sein Geschlecht eine wichtige Rolle.

Die Sinnesorgane

Die Ohren

Wie gut können Pferde hören?
Pferdeohren sind ständig in Bewegung, denn als Beute- und Fluchttier ist es auf die Zuverlässigkeit seines Hörvermögens angewiesen. Die Urfeinde des Pferdes waren hauptsächlich Raubtiere und Schlangen. Daher warnt der Instinkt die Pferde vor leisen Tönen, wie dem Blätterrascheln und dem Knacken von Ästen, denn solche Geräusche werden von Raubtieren verursacht. Ein Zischen oder Schleifen dagegen erinnert sie an eine Schlange. Die äußerst beweglichen Ohrmuscheln, jede von 16 verschiedenen Muskeln bewegt, können um 180° gedreht werden. So kann ein Pferd seine Umgebung ständig nach leisesten Geräuschen abtasten. Wenn es etwas Beunruhigendes wahrnimmt, dreht es augenblicklich den Kopf in die entsprechende Richtung, richtet die Ohren auf das verdächtige Geräusch, nimmt Blickkontakt auf und bläht die Nüstern. Alle Muskeln werden angespannt, um jederzeit die Flucht ergreifen zu können. Bei Gefahr galoppiert es sofort davon und stellt die Ohren nach hinten auf die Gefahrenquelle. Bei wildlebenden Herden, aber auch bei Weidepferden, übernimmt das sogenannte Führpferd die Einleitung der Flucht (siehe auch *Erkundungs- und Meideverhalten* in *Die Rangordnung*).

Das Hörvermögen der Pferde liegt weit über dem des Menschen: Sie können viel höhere, aber auch viel niedrigere Frequenzen wahrnehmen. Töne von 20 bis 25 000 Hertz sind für Pferdeohren kein Problem, während unsere Ohren bestenfalls Töne bis zu 20 000 Hertz aufnehmen können. Im Alter läßt das Hörvermögen allerdings auch bei Pferden nach.

Wie fein das Gehör sein muß, erklärt die Sensibilität der Tiere aus Erdbebenzonen. Von dort wird berichtet, daß Pferde vor den Beben sehr unruhig, erregt und somit wohl in der Lage sind, niedrigfrequente geophysikalische Schwingungen wahrzunehmen. Beweisen konnten Forscher diese Theorie allerdings noch nicht, ebensowenig ein anderes Phänomen: Warum finden Pferde auch in fremder Umgebung trotz völliger Dunkelheit allein nach Hause? Die einen erklären diese Fähigkeit mit dem phantastischen Gehör der Tiere, während die anderen davon überzeugt sind, daß ein Pferd das Magnetfeld der Erde wahrnehmen und so eine »magnetische Landkarte« erstellen kann. Bisher weiß man nur von Zugvögeln, daß sie sich am Magnetfeld der Erde orientieren. Bei künstlicher Veränderung des Feldes verlieren sie ihre Orientierung. Vielleicht besitzen auch Pferde diese Sensibilität. Feststellen konnte man jedenfalls, daß Pferde, die in ein Erdbebengebiet gebracht wurden, ihre Orientierung zeitweise verloren. Das, so wird angenommen, ist wahrscheinlich auf die seismischen Erschütterungen zurückzuführen, die das Magnetfeld beeinflussen.

Unsere domestizierten Pferde müssen eine Fülle von Geräuschen verarbeiten. Sei es das Schleifen eines Besens, das Rascheln eines Hundes im Gebüsch, das Knacken von Ästen im Wind oder laute Geräusche wie Verkehrs- und Flugzeuglärm oder das Sausen eines vorbeirasenden Zuges. Besonders sehr junge Pferde sind durch laute Geräusche wie z.B. Klatschen schnell aus der Ruhe zu bringen. Denn wie alles andere müssen die Tiere erst lernen, welche Geräusche tatsächlich Gefahr bedeuten.

Im Umgang mit Pferden kann man sich ihre guten Ohren zunutze machen. Besonders beim Lernen bestimmter Lektionen kann die Stimme des Menschen hilfreich sein. Beeindruckend stellten wir im Zirkus Charles Knie fest, daß alle Pferde auf ihre Namen hörten. Doch ganz freiwillig, so hatte es den Anschein, kamen sie nicht zu ihrem Meister: Der Dompteur brachte seine Pferde über die Stimme und eine Belohnung dazu, auf ihre Namen zu hören. Er ließ sie im Kreis um sich herumtraben und rief dann ein bestimmtes Tier mit seinem Namen. Reagierte das Pferd nicht, nahm er einen Strick zu Hilfe. Nachdem das Pferd seinen Namen gehört hatte, zog es der Dompteur in die Mitte und belohnte es mit einem Kräuterleckerli. Nach ein paar Wiederholungen (je nach Intelligenz des Tieres) kamen alle Tiere auf Ruf zu ihm, um sich die Belohnung abzuholen. (Vgl. auch: *Wie lernen Pferde?*)

Auch beim Longieren junger Pferde erleichtert die menschliche Stimme das Lernen. Durch wiederholte, in gleicher Stimmlage gegebene Befehle lernt das Pferd sehr schnell, sich in der gewünschten Gangart zu bewegen. Besonders gern wollen Pferde mit einer ruhigen, tiefen Stimme angesprochen werden, helle, schrille Töne machen sie eher unruhig. Bei »alten Hasen« im Schulbetrieb kann die Stimme des Reitlehrers allerdings dazu führen, daß die Tiere allein, d.h. ohne Hilfe des Reiters, die Befehle ausführen, was natürlich nicht gewünscht sein kann. In solchen Fällen ist der Fachmann gefordert. Durch viel Abwechslung im Unterricht muß er dann die »schlauen Pferde« überlisten.

Tips für Reiter mit geräuschempfindlichen Pferden:
Gewöhnen Sie Ihr Pferd langsam an laute Geräusche. Ein Radio im Stall kann ruhig mal lauter gedreht werden. Beobachten Sie Ihr Pferd: Wenn es unruhig wird, zeigen Sie ihm die Geräuschquelle, beruhigen es mit der Stimme und klopfen es ab. Ein in völliger Stallruhe vor sich hindösendes Pferd wird bestimmt bei dem ersten entgegenkommenden Trecker oder einem im Busch raschelnden Hund die Nerven verlieren.
Für den ersten Ausritt nehmen Sie ein ruhiges Begleitpferd mit. Falls sich Ihr Pferd sehr verspannt, halten Sie es unter Kontrolle, drehen es mit dem Kopf zur Geräusch-

quelle, beruhigen es mit der Stimme und, falls sich die Geräuschquelle nicht bewegt, reiten Sie schenkelweich-artig (dann mit dem Kopf von der Quelle weg) vorbei. Wer sein ängstliches Pferd aus Ärger oder Ungeduld straft, wird nie sein Vertrauen gewinnen können. Ist das Vertrauen aber erst einmal aufgebaut, so wird das Pferd trotz seiner empfindlichen Ohren nicht fliehen, sondern seinem Reiter gehorchen. Die Hilfen des Reiters sollten gerade in kritischen Situationen beherzt, überlegt und konsequent eingesetzt werden, denn nur dann kann sich das Pferd an seinem Reiter orientieren. Vergessen Sie das Lob nicht, wenn Sie mit Ihrem Pferd zufrieden sind.

So schnell sich Pferde erschrecken, so schnell beruhigen sie sich auch wieder, wenn sie erkannt haben, daß ihnen keine Gefahr droht. Wichtig ist immer, daß der Mensch bei einem aufgeregten Pferd selbst die Ruhe bewahrt. Eigene Hektik und Nervosität können sich auf das Pferd übertragen. Wie im Leben, so gilt besonders im Umgang mit den Pferden: In der Ruhe liegt die Kraft. Ein guter Reiter und Pferdefreund sucht zuerst die Fehler bei sich selber und versucht immer wieder, mit dem Pferd eine harmonische Beziehung aufzubauen.

Was bedeuten die verschiedenen Ohrenstellungen?
Nicht nur äußere Reize sind an den Ohren der Pferde abzulesen, sondern auch ihre Gemütsverfassung und derzeitige Laune. Wie ein Stimmungsbarometer stehen die Ohren mal gutgelaunt nach vorne, mal wütend-aggressiv nach hinten. Jeder seiner Artgenossen ist in der Lage, diese verschiedenen Stellungen zu deuten. Es gibt sogar ein Patent für künstliche Pferdeohren, die, dem Menschen aufgesetzt, dem Pferd die Mensch-Pferdesprache vermitteln sollen. Die Erfinderin die-

ser künstlichen Ohren ist davon überzeugt, daß ihre Pferde sie dadurch besser verstehen können. Sicherlich sind Pferde-ohren ein deutlich sichtbares Organ und selbst aus größerer Entfernung und auch bei wechselhaften Lichtverhältnissen für die Artgenossen sichtbar. Doch nicht sie allein senden die Körpersprache aus. Erst im Zusammenspiel von Ohren, Hals-haltung, Beinstellung und mehr entsteht eine verständliche Kommunikation. So können künstliche Pferdeohren wohl kaum das feine Zusammenspiel aller Reize ersetzen. Um das zu beweisen, testete ein Team von Wissenschaftlern vom In-stitut für Neuro- und Verhaltensbiologie in Münster die Kunstohren. Der Projektleiter, Professor Norbert Sachser, stellte fest:»Pferde sprechen auf den Menschen insgesamt an, ob mit oder ohne Ohrenimitat. Die besten Chancen haben einfühlsame Menschen.«

Wenn der Mensch sein Pferd genau beobachtet, kann er schon anhand der verschiedenen Ohrenstellungen etwas tie-fer in die Gemütswelt der Tiere eindringen. Ein Pferd, das bei der Begegnung mit dem Menschen die Ohren anlegt, ist ihm nicht freundlich gesonnen und signalisiert:»Halt, komm nicht näher, sonst greife ich an!«

Auch beim Reiten kann man die Gemütsstimmung seines Pferdes sehr gut betrachten. Sind die Ohren seitlich nach un-ten und die Ohrmuscheln nach hinten auf den Reiter gerich-tet, heißt das nicht immer, daß es auf den Reiter konzentriert ist. Es bedeutet, daß sich das Pferd unterwirft oder Angst vor seinem Reiter hat.

Übrigens: Bei einem gedopten Pferd hängen die Ohren seit-lich schlaff herunter und schlagen in der Bewegung des Tieres auf und nieder. Je nach Medikament (z.B. bei Stimu-lantia) können sie aber auch völlig steif sein.

Die Abbildung zeigt, wie das Pferd seine Ohren ohne Anspannung aufrechthält, wobei die Ohrmuscheln nach vorne und außen zeigen. Das Pferd ist entspannt, aber trotzdem in der Lage, seine Umgebung nach Geräuschen abzutasten.

Jetzt hat das Tier seine beiden Ohren gespitzt, was soviel heißt wie erhöhte Aufmerksamkeit, Neugierde oder auch freundliche Begrüßung eines Artgenossen.

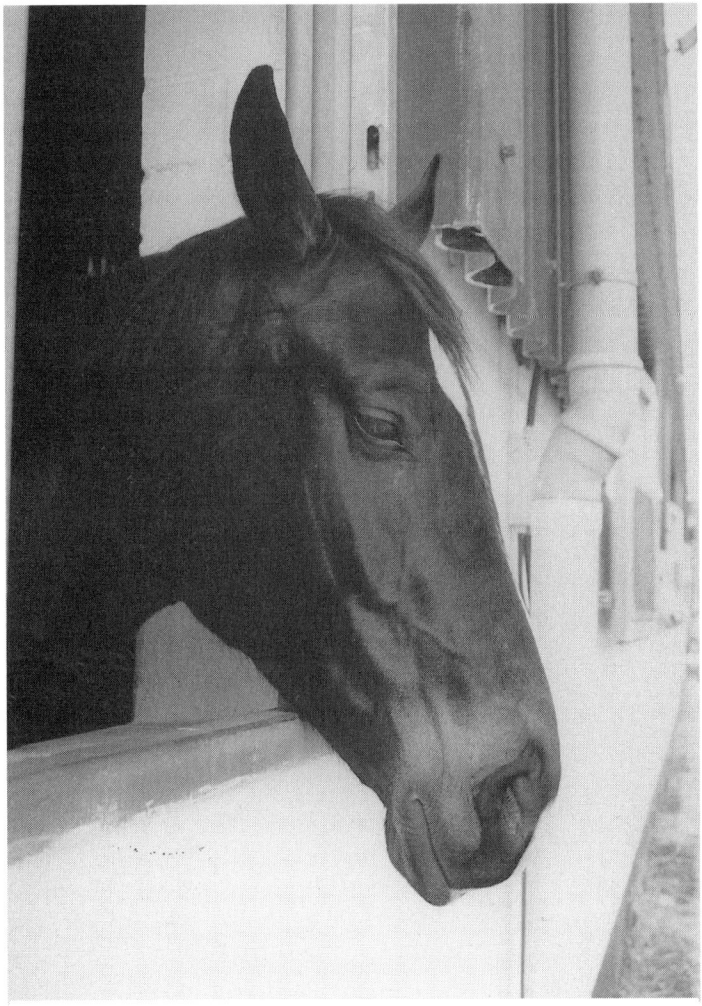

Dösendes Pferd – Hier fallen die Ohren entspannt seitwärts, und die Ohrmuscheln sind der Erde zugewandt. Auch ein müdes, teilnahmsloses oder krankes Pferd zeigt diese Ohrenstellung. Hängen die Ohren extrem schlaff seitwärts, können starke Schmerzen die Ursache sein.

In dieser Abbildung zeigt ein Pferd mit angelegten Ohren deutlich Unwillen, Dominanzstreben, Aggressivität und Kampfstimmung. Jetzt ist es dem Artgenossen freigestellt, sich entweder auf einen Konflikt einzulassen oder den Rückzug anzutreten.

Die Augen

Wie gut können Pferde sehen?
Ein kleiner, goldfarbener Hund am Rande der Weide oder das Aufspannen eines Regenschirmes in weiter Entfernung genügen, um ein Pferd in Alarmbereitschaft zu versetzen. Demnach müssen Pferde eine erstaunlich gute Sehkraft besitzen. Zwar gibt es schon lange keine natürlichen Feinde mehr, jedoch sind die angeborene Angst vor Raubtieren und die guten Augen geblieben. Selbst in der Dämmerung können Pferde wesentlich besser sehen als wir Menschen. Da Raubkatzen gern im Halbdunkel jagen, war es für das Pferd extrem wichtig, für diese Lichtverhältnisse spezialisierte Augen zu haben. Nicht nur die enorme Größe des Pferdeauges (es ist grö-

ßer als das eines Wales oder Elefanten) sorgt für eine hohe Lichtaufnahmefähigkeit. Es verfügt außerdem über viele Stäbchen in der lichtempfindlichen Netzhaut und eine besonders lichtverstärkende Schicht, das tapetum lucidum. Die großen, dunklen Augen sitzen seitlich am Kopf, und jedes einzelne deckt fast 180° des Blickfelds ab (uniocular). Nur ein kleiner Teil, etwa 65°, werden von beiden Augen gleichzeitig erfaßt (binocular). In diesem Bereich kann das Pferd auch dreidimensional sehen, während es sonst nur flach, d.h. ohne Schärfentiefe, seine Umwelt wahrnimmt. Dafür ist es aber in der Lage, kleinste Bewegungen zu erkennen. Wie weit und wie gut es allerdings scharf sehen kann, darüber gibt es noch keine beweisführende Untersuchungen.

Nach Duke-Elder, S.: System of Ophthalmology (Vol. I. H. Kimpten, London, 1958) kann man das Blickfeld des Pferdes wie folgt darstellen:

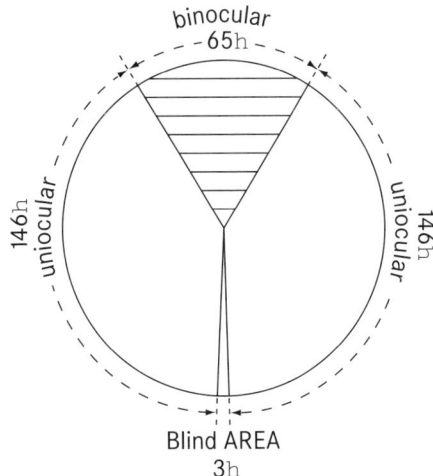

Deutlich sind die annähernde Rundumsicht und der kleine tote Winkel hinter dem Pferd zu erkennen.

Schon in der ersten Reitstunde heißt es:»Nähere dich nie einem Pferd von hinten, ohne es anzusprechen!« Das hat seinen guten Grund, denn in diesem Bereich kann das Pferd nichts sehen, und so mancher Reitschüler mußte seine Erfahrung am eigenen Leibe spüren. Der Tritt eines Hinterhufes kann sehr schmerzhaft sein und an »falscher« Stelle ernsthafte Verletzungen hervorrufen. Spricht man hingegen das Tier an, so kann es Kopf und Hals leicht drehen, die Augen nach hinten richten und wird dann nicht so schnell erschrecken. Der Freiburger Professor Dr. Klaus Zeeb erklärt den Richtungswechsel entlang der Trampelpfade, die wildlebende Pferde von einem Ort zum anderen anlegen, mit der nur Fast-Rundumsicht der Equiden. Alle zehn bis zwanzig Meter ist ein Knick im Verlauf der Streckenführung zu erkennen. Der tote Winkel wird somit ständig verändert und das Pferd hat die Chance, rückwärtige Gefahren frühzeitig zu orten.

Auch direkt vor dem Pferd gibt es einen kleinen toten Winkel, da ihm sein eigener Kopf die Sicht versperrt. So kann es auch keine Hindernisse direkt vor sich sehen und setzt förmlich blind zum Sprung an. Je höher es seinen Kopf trägt, um so weiter wird der tote Winkel. Manche Pferde gehen mit schräger Kopflage auf ein Hindernis zu, weil sie es dann wenigstens mit einem Auge abschätzen können.

Können Pferde auch Farben erkennen? Darüber gab es lange nur Vermutungen, doch nach neuesten Untersuchungen hat man stärkere Reaktionen auf die Farben Gelb und Grün, weniger auf Blau festgestellt. Die schwächste Reaktion gab es auf die Farbe Rot. Die Augen des Pferdes drücken auch seinen Gemütszustand aus. Ein ängstliches Pferd zum Beispiel reißt sie weit auf, wobei dann manchmal etwas Weiß im Auge zu sehen ist. Wenn Sie Ihr Pferd beobachten, werden Sie schnell merken, ob Ihr Kamerad traurig, aufgeregt, ängstlich, frech, freundlich oder desinteressiert schaut.

Bei Pferden mit sehr weit seitlich angeordneten Augen kann

die Sehfähigkeit eingeschränkt sein. Sitzen sie seitlich vorne, so sieht es besser dreidimensional. Demzufolge wirkt sich die Augenstellung auch auf sein Verhalten aus.

Tips für Reiter mit »guckigen« Pferden:
Manche Pferde gelten als besonders »guckig«: Sie scheuen bei jedem neuen Gegenstand in ihrem Umfeld, bei jedem Lichtreflex, oder sind im Gelände kaum an einer Mülltonne vorbeizureiten. Doch auch bei diesen Pferden macht, wie bei geräuschempfindlichen, Übung den Meister. Dieses Problem läßt sich sehr gut auf dem Paddock lösen: Stellen Sie öfter mal – unter Aufsicht – andere Gegenstände auf das Paddock oder die Weide. Eine große blaue Plastiktonne beispielsweise oder ein großer Ball können helfen, dem Tier seine Scheu vor neuen Dingen zu nehmen.

Pferde mit einem Ball auf der Weide

Die Nüstern und das Maul

Wie gut können Pferde riechen und schmecken?
Genau wie Ohren und Augen ist auch das Riechorgan der Pferde hochentwickelt. Die Nüstern sind verhältnismäßig groß und im Inneren stark gewunden, um eine größere Oberfläche und damit eine bessere Geruchsempfindlichkeit zu erreichen. Für eine wilde Herde war es zur Erhaltung der Art äußerst wichtig, bestimmte Gerüche schon aus weiter Entfernung aufnehmen zu können. Ob das nun ein heranschleichendes Raubtier, eine Wasserquelle, ein fremder Hengst, eine saftige Wiese oder der anregende Duft einer rossigen Stute war. Auch für das Gemeinschaftsleben spielt der Geruch eine übergeordnete Rolle. Wenn sich zwei Pferde begegnen, tauschen sie zuerst ihren Atem aus und speichern diesen Geruch. Ob freundliche oder aggressive Eindrücke gespeichert werden, hängt von der jeweiligen Erfahrung ab. Nicht alle Pferde können sich – im wahrsten Sinne des Wortes –»riechen«. Auch der Kot der Artgenossen wird sorgfältig berochen und analysiert (vgl. auch *Die Rangordnung*). Besonders wichtig für das Verhältnis der Mutterstute zu ihrem Fohlen ist das intensive Beschnuppern nach der Geburt (siehe auch unter *Frühe Reize*).
Um die Gerüche intensiver verarbeiten zu können, besitzt das Pferd noch ein gesondertes Organ, das sogenannte Jacobsonsche Organ. Es liegt am hinteren Ende des Gaumens, am Gaumendach. Um die Duftstoffe dorthin zu transportieren, zieht das Pferd intensiv die Luft ein, streckt den Hals, stülpt die Oberlippe nach oben und verschließt dadurch gleichzeitig seine Nüstern. Dieses sogenannte Flehmen zeigen besonders Hengste, wenn sie die chemischen Botenstoffe einer paarungsbereiten Stute, Pheromone genannt, identifizieren möchten. Auch nach dem Beriechen von Kot und Urin eines Artgenossen zeigen Pferde dieses Verhalten. Ebenso reagieren sie bei fremdartigen Gerüchen.

Flehmendes Pferd

Hauptsächlich auf der Zunge sind die vielen Geschmacks-
knospen angeordnet und ermöglichen dem Pferd zwischen
süß, sauer, salzig, bitter, bekömmlich und nichtbekömmlich
zu unterscheiden. Unsere Stallpferde können darüber hinaus
noch zwischen lecker und besonders lecker unterscheiden.
Die Futterindustrie hat nämlich viele verschiedene Leckerlis
hervorgebracht, die von den Pferden unterschiedlich gern ge-
nommen werden. Laut Aussage eines Pferdebesitzers soll seinem Pferd auch Bier geschmeckt haben, was aber wohl eher
der eigenen Vorliebe entsprochen hat.

Auch der Freund Mensch wird an seinem Geruch erkannt.
Unser Wallach hat hierfür seine eigene Methode: Bei der Begrüßung schnuppert er jedesmal ausgiebig an der Halskuhle
seiner Besitzerin. Soviel Zeit muß schließlich sein.

Eine andere Art von Geruch, der der Verwesung, hat einmal
in einem Stall für große Aufregung gesorgt. Selbst die artig-
sten Pferde waren in einer bestimmten Ecke der Reithalle

nicht mehr zu reiten. Erst als ein kluger Reiter auf die Idee kam, hinter die Bande zu schauen, und eine tote Ratte entfernte, waren die Tiere wieder normal an der Stelle vorbeizubewegen. Erfahrene Geländereiter wissen, daß allein der Geruch weit entfernter Wildschweine ausreicht, um Panik auszulösen.

Bei einer anderen Geschichte hat die »gute Nase« des Pferdes seine Reiterin beschützt. Sie war mit ihrem braven Wallach in der Nähe von München im Gelände unterwegs, als ihr Pferd plötzlich scheute, einen gewaltigen Satz nach vorne machte und sich nur schwer beruhigen ließ. Sie drehte sich um und sah einen tollwütigen Fuchs aus dem Gebüsch torkeln. Das Gelände wurde anschließend von der Polizei abgesperrt, und Pferd und Reiter kamen wohlbehalten im Stall an.

Durch diese Geschichten wird deutlich, daß Pferde ihren Partner Mensch nicht unbedingt »ärgern« wollen, wenn sie mal nicht wie gewünscht »brav« reagieren. Deshalb sollte der kluge Reiter erst nachdenken, ob nicht bestimmte Umstände sein Tier zu natürlichem Ungehorsam zwingen, bevor er drastische »Erziehungsmaßnahmen« ergreift.

Was fressen Pferde?

Wenn man Pferde in freier Wildbahn beobachtet, so sieht man sie mindestens 12–15 Stunden am Tag mit der Suche nach Nahrung verbringen. Außer Gras, ihrer Hauptnahrung, fressen sie Früchte, Beeren, Kräuter, Blumen, Nüsse, Obst, Wasserpflanzen, Wurzeln, kleine Äste und Blätter. Wie im Abschnitt *Der Tastsinn* beschrieben, sortieren sie sehr geschickt die Nahrung heraus, die ihnen schmeckt und auch bekommt.

Der Magen eines Pferdes ist relativ klein und will immer gefüllt werden. Daher sind Wild- oder auch Weidepferde ständig mit Fressen beschäftigt.

Die Futteraufnahme des domestizierten Pferdes sieht allerdings anders aus: Stallpferde werden oft nur zweimal am Tag gefüttert und stehen die meiste Zeit gelangweilt in der Box. Darum haben sich sogenannte Untugenden des Pferdes entwickelt, wie das Luftschlucken (Koppen), das Hin- und Herwiegen auf der Stelle (Weben) und das Anknabbern von Dekken oder der Futterkrippe. Diese Ersatzhandlungen sollten dem Pferdefreund zu denken geben und ihn die Haltung seines Pferdes überdenken lassen (siehe *Die Pferdehaltung*).

Da die optimale Fütterung von Stallpferden nicht der natürlichen Nahrungsaufnahme entspricht, sollten sie mindestens dreimal am Tag gefüttert werden und zusätzlich genug Rauhfutter bekommen.

Ein Pferd, das im Sport Leistung bringen soll, muß nach ernährungswissenschaftlichen Erkenntnissen gefüttert werden. Die Verantwortung dafür trägt der Mensch, da er das Nahrungsangebot bestimmt. Nicht nur die Menge des Futters, das Training und die Lebensumstände haben großen Einfluß auf das Pferd, sondern auch die Qualität des Futters. Die falsche Mischung, zuviel oder zuwenig Futter können die Reaktionen eines Pferdes stark beeinflussen. Man muß die Größe des Pferdes und sein Training in Betracht ziehen, um die Kraftfuttermenge bestimmen zu können. Unrittigkeit beispielsweise kann eine allergische Reaktion auf eine bestimmte Getreidesorte sein. Auch ein Zuviel »des Guten« erzeugt möglicherweise einen Überschuß an Energie und damit Verhaltensprobleme.

Sie können auf einfache Weise feststellen, ob Ihr Pferd zu dünn oder zu dick ist, ob es zu- oder abgenommen hat: Dazu streichen Sie mit einem Finger über seine Rippen. Fühlen Sie sie nicht mehr, ist es zu dick. Spüren Sie zwischen Haut und Rippen kein Fett, ist es zu mager. Kommt in letztgenanntem Fall noch ein stumpfes, glanzloses Fell und Trägheit hinzu, kann die Ursache auch in Wurmbefall liegen.

Die Fütterung des Pferdes

Wir fragten die Ernährungswissenschaftlerin Frau Dr. Susanne Weihrauch:

Nur eine ausgewogene Zusammensetzung der gesamten Futterration fördert das biologische Gleichgewicht der Darmflora. In freier Wildbahn weiß ein Pferd, was es fressen muß. Wenn wir ein Pferd in unsere Obhut nehmen, sind wir für sein Wohl verantwortlich. Deshalb sollten wir uns gut informieren.

Grundlegend ist bei Stallpferden eine großzügige Rauhfutterration, bestehend aus Heu, möglichst nach der Blüte geerntet. Zum zwischenzeitlichen Verweilen eignet sich Futterstroh, das durch seinen hohen Rohfaseranteil und den geringen Anteil an Eiweiß eine sehr gute Pufferfunktion hat. An Heu und Stroh sind selbstverständlich höchste Qualitätsansprüche zu stellen. Staubiges oder verschimmeltes Rauhfutter werden im Dickdarm quasi zum Bumerang und verhindern eine gesunde Entwicklung der Mikroorganismen.

Der Einsatz pflanzlich gebundener Fette (zum Beispiel Maiskeime) ist eine sinnvolle Alternative zur reinen Getreidefütterung. Die Aktivität der Lipasen (fettverdauende Enzyme) wird angeregt. Die im Keim gebundenen Pflanzenöle werden nur langsam durch die Verdauung freigesetzt und belasten sie dadurch nicht.

Bei der Fütterung ist die Stabilisierung der Darmflora oberstes Gebot. Zu den dickdarmspezifischen Nährstoffen gehören vor allem Pektine, die in Äpfeln, Rüben und Sonnenblumenkernen enthalten sind, sowie Fasern aus hochwertigem Heu, Kräutern und Schalen. Mit der Rauhfutterverwertung steigen Vitaminsynthese und Resorptionsleistung, Energie- und Nährstoffversorgung werden verbessert und damit auch die Widerstandsfähigkeit des Organismus.

Zu den natürlichen Diätmitteln für eine weitergehende Stabilisierung des Dickdarmes gehören Bierhefe als Probiotikum, Heilerde und Diatomeenerde (Kieselgur) zur Absorption von Toxinen, sowie basenbildende Mineralstoffe zur Verbesserung des Säure-Basen-Gleichgewichts im Darm.

Bei Beachtung der Verdauungsvorgänge und Unterstützung des Verdauungsapparates durch sinnvolle Nahrungskomponenten können das Wohlbefinden und die Leistungsfähigkeit des Pferdes gesteigert werden.

Falls Sie Interesse haben, mehr über Fütterung und Verdauung des Pferdes zu erfahren, können Sie sich an Frau Dr. Susanne Weihrauch wenden. Die Kontaktadresse finden Sie am Ende des Buches.

Der Tastsinn

Der Tastsinn der Pferde wird über die Tasthaare (Vibrissen) gesteuert, die am Haarwurzelende auf viele Nervenfasern treffen. Von dort werden die Reize weitergeleitet. Da die Pferde ihre Nahrung nicht direkt vor sich sehen können (vgl. auch *Die Augen*), sind sie auf die Tasthaare an Maul und Nüstern angewiesen. Mit ihnen sortieren sie Fremdkörper, wie zum Beispiel Steine oder Nägel, aus ihrer Nahrung.

Die Haare an den Augen schützen das Tier vor kleinen Schmutzpartikeln, indem bei der kleinsten Berührung ein Augenschließreflex ausgelöst wird. Dem gleichen Zweck dienen die Haare in den Ohren. Leider gibt es immer noch Reiter oder Züchter, die ihren Pferden diese Haare abrasieren. Dieses sogenannte Clippen soll künftig zum Glück per Tierschutzgesetz verboten werden.

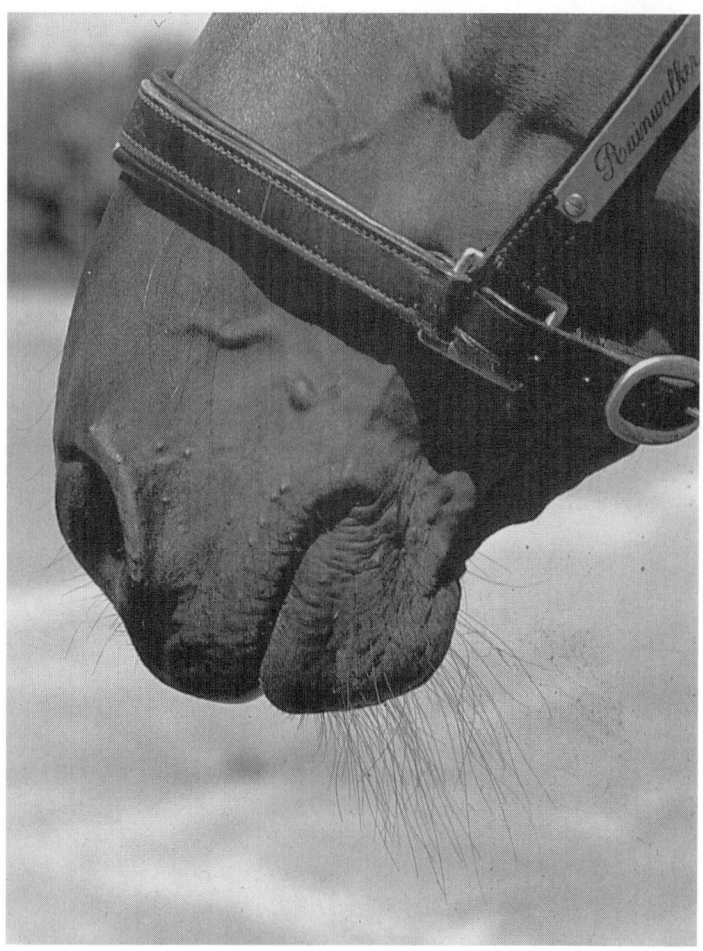

Das Pferdemaul mit den feinen Tasthaaren, den Vibrissen, und die Nüstern

Die Berührungsempfindlichkeit der Pferdehaut ist über den Körper unterschiedlich verteilt. An bestimmten Stellen, zum Beispiel am Widerrist, löst ein Insekt eine reflektorische Kontraktion der Hautmuskulatur aus. Manche Pferde sind richtig kitzelig. Sie sollten daher nicht mit scharfen Utensilien geputzt werden. Für die Ausritte im Sommer kann neben dem Einreiben mit Autan oder anderen Insektenschutzmitteln Knoblauch gefüttert werden, da die entstehenden Ausdünstungen des Pferdes Fliegen fernhalten.

Die Pferdehaut ist weiterhin mit besonderen Sensoren ausgestattet, mit deren Hilfe sich das Tier auch bei sehr kalter Witterung wohlfühlt. Die sogenannte Wohlfühltemperatur liegt bei Pferden bei 12–15°C, während es ihren zweibeinigen Freunden eher bei 20–25°C gutgeht. Registrieren die Sensoren klirrende Kälte, wird die Muskulatur stärker durchblutet und die Stoffwechselenergie in Wärme umgewandelt. Nur 25 Prozent werden in Bewegung umgesetzt. Je mehr Muskelmasse ein Pferd hat, desto später beginnt es zu frieren. Verantwortlich für diese Durchblutung sind kleinste Blutgefäße, die als dichtes Netz die mittleren Hautschichten durchziehen, sich je nach Bedarf erweitern oder verengen und dadurch kühlen oder isolieren. Wenn es sehr heiß ist, pumpt das Pferd etwa 15 Liter Blut (von insgesamt 45 l) in das erweiterte Kapillarsystem. Von dort wird dann die überschüssige Körperwärme an die Umgebung abgegeben. Bei Kälte jedoch ziehen sich die kleinen Gefäße zusammen, und das Blut wird vermehrt zu den lebenswichtigen Organen in den Körper geleitet. Es entspricht nicht immer den Tatsachen, daß das Fell des Pferdes bei der Wärmeregulierung die wichtigste Rolle spielt: Die Konstanthaltung der Körperwärme funktioniert auch bei geschorenen Pferden. Araber halten auch ohne dickes Winterfell Temperaturschwankungen zwischen 40°C am Tage und minus 10°C in der Nacht ohne Probleme aus.

Die Außentemperatur der Haut ist unterschiedlich hoch. Am Maul mißt sie ca. 32°C, auf dem Rücken ca. 18°C und an den Beinen kann sie bei Frost bis auf wenige Grade über Null sinken. Pferde, denen man es durch entsprechende Stallungen

freistellt, sich entweder im Stall oder auf dem Paddock aufzu-
halten, bevorzugen immer den Platz im Freien, auch wenn
das Thermometer minus 10°C anzeigt. Wichtig für die Wärmeregulierung ist allerdings eine trockene Haut. Sobald das
Pferd schwitzt, zum Beispiel nach dem Training, kommt die
»Muskelheizung« nicht mehr nach, und es ist notwendig, eine
Decke aufzulegen. Regennässe macht dem Pferd allerdings
wenig aus, da das Fell durch Fett und die Anordnung der
Haare so ausgerüstet ist, daß das Wasser abperlen kann. Bei
ausschließlicher Weidehaltung empfiehlt es sich, den natürlichen Haarwuchs, wie z. B. den Kötenzopf, nicht zu entfernen,
damit kein Wasser in die Fesselbeuge laufen kann.
Fazit: Pferde halten Kälte besser aus als wir Menschen und
müssen nicht ständig in warme Decken gehüllt werden.

Dieses Pferd vergnügt sich nach getaner Arbeit im Schnee

Die Stimme

Ist Wiehern gleich Wiehern?

Welcher Pferdefreund kennt es nicht, das freundliche Begrüßungswiehern! Es ist das schönste Geräusch für jeden Pferdeliebhaber, und ganz besonders freuen sich die Kinder, wenn IHR Lieblingspferd sie zum ersten Mal mit einem kurzen »Hallo« begrüßt.

In der Herde heißt es eigentlich auch nichts anderes als: »Hallo, ich kenne dich, und ich mag dich!« Dieser Laut besteht aus einem tiefen, bebenden Kehllaut und ist von den Kumpanen im Umkreis von 25–30 Metern zu hören.

Noch länger, tiefer und wesentlich aufgeregter klingt das Werbungswiehern eines Hengstes. Jeder Hengst hat dabei seinen eigenen Stil. Mit weit aufgeblähten Nüstern, nickendem Kopf und geschlossenem Maul bewirbt sich der Hengst bei seiner »Auserwählten«, die ihn an seiner Stimmlage erkennen kann.

Das lange, bis zu zwei Sekunden dauernde kräftige Ortungswiehern wenden die Pferde an, wenn sie Kontakt zu ihren Herdenmitgliedern aufnehmen wollen. Jedes Pferd hat seine charakteristische Stimme und »ruft« seine Gefährten, wenn es sich zum Beispiel von der Gruppe entfernt hat. Auf diesen Ruf folgt prompt eine Antwort, so daß verirrte Tiere schnell wieder zu ihren Kameraden finden können. Dieses scheinbar herzzerreißende Wiehern drückt keine Angst oder Panik aus, sondern bittet nur um eine Antwort.

Folgendes Beispiel des Ortungswieherns wurde aus Österreich berichtet: Zehn Huzulen-Pferde hatten im Wald ihre Reiter abgeworfen und liefen zunächst offenbar ziellos umher. Doch nach kurzer Zeit begannen sie ihre Gefährten zu rufen. Ein richtiges »Wieherkonzert« schallte vom Wald den Berg herunter. Erst konnte man das Wiehern aus weiter Entfernung hören, dann kam es langsam näher. Die Reiter kamen zu Fuß im Stall an und wollten einen Suchtrupp zusammenstellen, um die Tiere einzufangen. Doch der zuständige Reitlehrer blieb ganz locker und erklärte den aufgeregten Pferdefreunden, daß die frechen Huzulen diesen Freigang wohl nicht zum ersten Mal machten. Er wüßte schon, was passieren würde. Nach ungefähr zwei Stunden wußten es die Reiter auch. Die Pferde kamen im Gänsemarsch aus dem Wald spaziert und ließen sich ohne Schwierigkeiten einfangen. Durch das Ortungswiehern war es ihnen schnell gelungen, sich im dichtesten Wald wiederzufinden.

Mit einem besonders sanften, leisen Wiehern ruft die Mutterstute ihr Fohlen zu sich. Alle Fohlen reagieren von Geburt an auf die Stimme ihrer Mutter. In Versuchen wurde festgestellt, daß ein Fohlen auch einem Menschen folgt, wenn er das Mutter-Wiehern imitieren kann (siehe auch unter *Frühe Reize*). Schrilles Quieken heißt soviel wie: »Laß mich in Ruhe, sonst schlage ich aus!« Diese Warnung wird meistens noch durch Anheben oder Aufstampfen des Vorderbeins unterstützt, was auch in anderen Situationen als Protest zu verstehen ist. Mit diesem Quieken weisen auch Mutterstuten mit schmerzempfindlichen Zitzen ihre Fohlen in die Schranken. Bei der Paarung signalisiert die Stute mit diesem Laut: »Halt, stopp!«

Das »Schnorcheln«, eine besondere Art des Schnaubens, wenden Pferde an, wenn sie unsicher oder ängstlich sind. Sie atmen dabei kräftig durch die Nüstern, die laut vibrieren. Dadurch, daß das Pferd auf die Gefahrenquelle starrt, den Schweif anhebt und den Körper in Fluchtbereitschaft bringt, warnt es gleichzeitig alle anderen Herdenmitglieder. Andererseits kann das Schnorcheln auch Neugier und Interesse ausdrücken, wie zum Beispiel bei der Begegnung zweier spannungsgeladener Hengste. Im Gegensatz dazu steht das normale Schnauben oder Blasen ohne Vibrieren der Nüstern. Dieses Schnauben zeigen Pferde, die sich wohl fühlen. Am Wiehern läßt sich auch das Geschlecht des Pferdes erkennen. Der Ton eines Hengstes klingt etwas dunkler als der der Stute.

Bei freilebenden Herden, in denen einzelne Tiere ernsthaft gegeneinander kämpfen, kann man außerdem noch das Schreien oder Röhren hören. Doch zu solch ernsthaften Auseinandersetzungen kommt es bei der heutigen Pferdezucht sehr selten.

Letztlich kann das Pferd noch stöhnen, ächzen und seufzen, doch jeder Laut sollte immer im Zusammenhang mit der gesamten Situation und den sozialen Umständen gedeutet werden.

Das Ausdrucksverhalten bei der Paarung

Die Züchter sprechen vom sogenannten Natursprung, wenn es sich bei der Besamung um einen natürlichen Deckakt handelt. In der Zeit von März bis September wird eine Stute etwa alle drei Wochen rossig. Die Rosse dauert ungefähr fünf Tage, wobei es am vierten Tag zum Eisprung kommt. Die Stute uriniert öfter, und der Harn enthält zusätzliche Duftstoffe, die den Hengst anziehen. Er flehmt häufiger, um die Gerüche besser aufnehmen zu können. Dann beginnt er um die Stute zu werben:

Er bläht die Nüstern, wölbt seinen Hals, hebt den Schweif, wiehert und tänzelt um das Objekt seiner Begierde herum. Ein geübter Hengst ist vorsichtig. Wenn die Stute nämlich nicht bereit ist, kann sie laut quietschend ausschlagen und ihn verletzen. Trifft er aber auf »Gegenliebe«, beginnt er die Stute vorsichtig zu kraulen. Erst wenn sie sich das gefallen läßt, wagt er sich an ihr Hinterteil. Er knabbert, riecht und beleckt es. Die Stute ist bereit, wenn sie das sogenannte Blitzen (kurzes Öffnen der Vulvalippen) zeigt. Auch das Heben ihres Schweifes und ein steifer Rücken zeigen ihre Aufnahmebereitschaft. Bei jungen, unerfahrenen Stuten wird häufig das Mäulchenschnappen beobachtet, was wohl in diesem Zusam-

menhang als Unterwürfigkeit gedeutet werden kann. Wenn
der Hengst etwa 15 Sekunden nach Einführung des Penis
(Schlauch) ejakuliert, hebt und senkt sich sein Schweif, her-

Liebesspiel eines Hengstes mit natürlichem Paarungsakt

vorgerufen durch die Muskelkontraktion der Harnröhre. Für den Pferdezüchter ist dies das Zeichen für die Besamung und eventuelle Befruchtung seiner Stute. Die Dauer des Deckaktes variiert von Rasse zu Rasse lediglich zwischen 5 und 60 Sekunden, denn als Beutetier kann ein langes Liebesspiel zur tödlichen Falle werden.

Der Deckeinsatz eines »Starvererbers« sieht allerdings anders aus. Er wird mit Hilfe einer »Animierdame« auf ein Phantom gelockt und ejakuliert in eine künstliche Scheide, die etwa 60 Milliliter pro Decksprung aufnimmt. Der Samen wird auf Gesundheit und Beweglichkeit untersucht und dann, je nach Menge und Qualität, in 8 bis 20 Portionen geteilt, aufbereitet und abgefüllt. 100 Millionen möglichst gesunde und äußerst bewegliche Spermien sollten in einer Samenportion enthalten sein.

Der Samen ganz besonders fruchtbarer Vererber, das sind ungefähr 30 Prozent aller Hengste, wird stufenweise auf minus

196 °C tiefgefroren. So bleibt dieser Samen fast unbegrenzt haltbar (frisches Sperma ist nur etwa 48 Stunden haltbar) und kann auch über Grenzen hinweg verschickt werden. Kommt tiefgefrorenes Sperma zum Einsatz, muß der Zeitpunkt des Eisprunges bei der Stute genau abgepaßt werden, da die Lebensfähigkeit des Tiefkühlspermas nach dem Auftauen geringer ist als die von frischem: Die Befruchtungsrate liegt mit 15 Prozent deutlich unter der von Frischsperma. Im Zuge der High-Tech-Befruchtung werden aber wohl in Zukunft nur noch »Kinder der Kälte« das Licht der Welt erblikken. Ob ein Hengst sich diese Art der Paarung aussuchen würde, sei dahingestellt. Die Besamungswarte zumindest sind sich sicher, der Hengst habe dabei genausoviel Spaß wie beim echten Liebesakt.

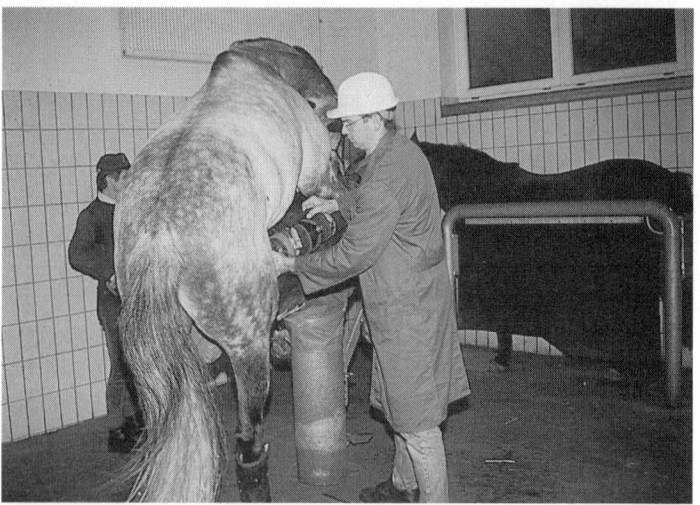

Phantomliebe

Frühe Reize

● ●

Wie verläuft die Geburt?

Die Trächtigkeit eines wildlebenden Pferdes variiert zwischen 336 und 392 Tagen. Da eine fohlende Stute für ein Raubtier leichte Beute ist, hat die Natur der Mutterstute die Fähigkeit gegeben, den Zeitpunkt der Geburt zu bestimmen. Fast alle Geburten finden zum Schutz der Tiere in der Nacht statt. Die Geburt an sich dauert nur fünf bis 45 Minuten. Würde sie, wie beim Menschen, mehrere Stunden dauern, gäbe es wohl keine Pferde mehr, weil zu viele Fohlen Raubtieren zum Opfer fielen. Man hat beobachtet, daß fohlende Stuten gern in der Nähe von Wasserstellen gebären und sich im Herdenverband besonders sicher fühlen. Durch die Geburt eines Herdenmitgliedes fühlen sich oft andere trächtige Stuten animiert, ebenfalls zu fohlen.

Bei Stallpferden variiert die Trächtigkeit zwischen 340 und 350 Tagen. Bei der Geburt eines domestizierten Pferdes gelten die gleichen Verhaltensweisen wie beim Wildpferd. Auch unsere Stallpferde fohlen gern in der Nacht und möchten nicht durch Menschen gestört werden. Um den Zeitpunkt der Geburt nicht zu verpassen, haben einige Züchter eine Kamera im Stall postiert und geben so der Stute das Gefühl, allein zu sein.

Kurz vor Beginn der Wehen beginnt die Stute stark zu schwitzen, dreht ihren Kopf immer wieder zum Bauch, läuft unruhig hin und her, legt sich hin und steht wieder auf, schlägt mit dem Schweif und stampft mit dem Bein auf den Boden. Ein weiterer Hinweis auf die bevorstehende Geburt sind die sogenannten Harztropfen, die sich am Euter der Stute bilden.

Wenn die Wehen einsetzen, legt sich die Stute hin. Nachdem die gelbliche Wasserblase, die den embryonalen Harn enthält, den Geburtsweg geweitet hat, wird die Eihülle, in der sich das Fohlen befindet, sichtbar. Platzt diese Blase, beriecht die Stute intensiv die austretende Flüssigkeit und flehmt (siehe auch *Die Nüstern und das Maul*).

Mit den Vorderbeinen voran kommt das Fohlen zur Welt, und schon Minuten nach der Geburt entwickelt sich eine feste Bindung zwischen ihm und der Stute.

Fohlen noch in der Fruchtblase

Kaum auf der Welt, hat das Fohlen die Augen bereits weit geöffnet und versucht, den Kopf zu heben. Noch liegend dreht sich die Mutter zum Füllen und liebkost es von Nase zu Nase. Dabei stößt sie immer wieder ein zartes begrüßendes Wie-

Die Stute beleckt ihr Fohlen.

hern aus. Nach einer Weile erhebt sie sich, dabei reißt die Nabelschnur. Nun wird das Fohlen ausgiebig beleckt. Maul und Nase des Kleinen werden gereinigt, dadurch wird dem Fohlen das Atmen erleichtert. Es reagiert darauf mit saugenden Mundbewegungen, die dem späteren Säugen entsprechen. Schon nach 15 Minuten versucht das Kleine aufzustehen, es gelingt ihm schließlich nach durchschnittlich 75 Minuten. Die Stute säubert den ganzen Körper des Neulings. An seiner Ausdünstung kann sie künftig ihr Fohlen selbst in der Nacht erkennen und von allen anderen Jungtieren unterscheiden.

Der natürliche Geburtsvorgang kann durch zwei Verhaltensfehler der Menschen gestört werden: durch zu frühes Durchtrennen der Nabelschnur und durch das Trockenreiben des Fohlens. Wegen dieser vermeintlichen Hilfeleistungen wird es der Stute sehr schwer gemacht, das natürliche Band zu ihrem Fohlen aufzubauen. Bei Komplikationen während der Geburt ist die Hilfe des Menschen natürlich wichtig und hilfreich.

Die Mutter schützt den Nachwuchs, indem sie sich sofort vor ihn stellt. Ist das Fohlen nach der Geburt nicht in unmittelbarer Reichweite, so wird die Aufmerksamkeit auf die Fruchtblase gerichtet. Auch Schmerz kann die mütterliche Zuwendung unterbrechen und damit die Entstehung eines Stute-Fohlen-Bandes verzögern.

Verliert die Stute ihr Fohlen, so wird sie depressiv und zeigt Störungen im Sozialverhalten. Versucht man einer Stute, deren eigenes Kind starb, ein Waisenfohlen unterzuschieben, empfiehlt es sich, diesem das Fell des toten Fohlens überzulegen. Die Geruchsbindung an ihr Fohlen ist so intensiv, daß es für eine »junge Mutter« schwer ist, ein fremdes anzunehmen. Die Adoption gelingt leichter, wenn die Geburt des eigenen Fohlens noch nicht lange her ist.

Einige Stunden nach der Geburt wird kein anderes Fohlen

mehr akzeptiert. Die Mutter-Kind-Fixierung erfolgt also sehr schnell und bleibt für den gesamten Zeitraum der Beziehung irreversibel erhalten. Dieser Prägungsvorgang dauert beim Fohlen mehrere Tage. In dieser Zeit wehrt die Stute andere Pferde und oft auch den Menschen besonders heftig ab und verhindert dadurch die sogenannte Fehlprägung.

In den ersten Lebenstagen hält sich das Fohlen dicht bei seiner Mutter. Nach etwa sieben Tagen sind seine Sinnesorgane ausgereift. Wie stark die Bindung zwischen der Stute und ihrem Nachwuchs ist, hängt nicht davon ab, wie viele Fohlen die Stute schon bekommen hat. Eine Pferdemutter braucht ihre Rolle nicht erst zu lernen. Erst am Ende des ersten Jahres lockert sich das Band, kurz vor der Geburt des nächsten Fohlens durchtrennt es die Stute ganz.

Da der Fohlenmagen sehr klein ist, muß es oft gesäugt werden. Wenn das Kleine das Euter nicht sofort findet und an einer falschen Stelle sucht, zeigt die Stute mit einem deutlichen

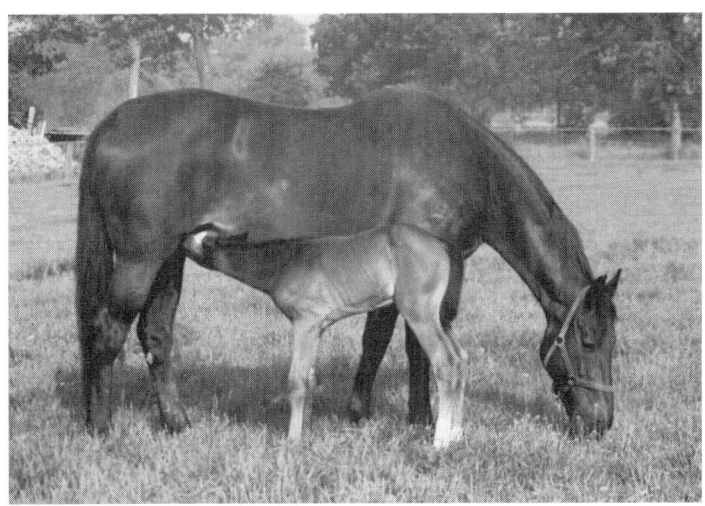

Saugendes Fohlen

Quietschlaut ihre Mißbilligung (siehe auch unter *Die Stimme*). Wichtig für die Entwicklung eines Fohlens ist die Kolostralmilch der Stute, auch Biestmilch genannt, die sich kurz nach der Geburt bildet. Diese kostbare Flüssigkeit sollte das Fohlen möglichst bis zu vier Stunden nach der Geburt getrunken haben. Die Darmwand ist nämlich nur zeitlich begrenzt durchlässig für die Aufnahme der in der Milch enthaltenen Antikörper, die für das Fohlen zum Aufbau von Widerstandskraft gegen bestimmte Krankheiten wichtig sind.

Wie wichtig ist der erste Kontakt zum Menschen?

Im Laufe seines ersten Lebensjahres wird das Fohlen mit den Regeln des Zusammenlebens vertraut. Mit zwei Monaten ist bei den Pferden das Gefühl der Artzugehörigkeit geprägt. Wenn man ein Hauspferd an ein »Doppelleben« mit Menschen und seinen Artgenossen gewöhnen will, sollte man es oft mit beiden zusammenbringen. Gleich nach der Geburt kann man das Fohlen an den Kontakt mit dem Menschen gewöhnen, denn gerade in dieser Phase ist es besonders geneigt, soziale Partnerschaften einzugehen. Die Verbindung muß allerdings auch gepflegt werden. Sie wird schwächer, wenn sie beispielsweise durch den wichtigen Weidegang im Sommer für längere Zeit unterbrochen wird.

Man sollte darauf achten, daß das Fohlen zur Menschen- und zur Pferdewelt Kontakt hat, denn eine einseitige Prägung kann große Probleme bereiten. Bernhard Grzimek trennte ein Fohlen unmittelbar nach der Geburt von der Mutter und zog es selbst groß. Ähnlich wie bei Konrad Lorenz' Gänseküken war das Fohlen nur auf den Menschen geprägt und zeigte nach Ablauf der sensiblen Lernphase nicht nur keinerlei Interesse an seinen Artgenossen, sondern eher Furcht vor diesen großen Gestalten. Solche Fehlprägungen sind in der Praxis der Fohlenaufzucht unbedingt zu vermeiden. Die soziale Integration in eine Pferdegruppe ist auch im Hinblick auf die spätere Nutzung des Pferdes eine überaus wichtige Lernphase.

Nur in der Gruppe lernen die Fohlen die verschiedenen Signale und Drohungen ihrer Artgenossen verstehen.

Wie entwickeln sich die Fohlen?

Im ersten Lebensjahr genießt das Fohlen durch seine charakteristische Unterwerfungsgeste, das sogenannte Mäulchenschnappen, auch Maulen genannt, besten Schutz.

Das beherrschen sie vom ersten Tag an, ohne es je gesehen zu haben. Erst im zweiten Lebensjahr verschwindet diese Geste langsam wieder, wenn die Kleinen genügend Selbstsicherheit und Kenntnis der Verhaltensregeln erworben haben. Man

Mäulchenschnappen oder Luftkauen

hat aber beobachtet, daß auch ältere Pferde dieses Verhalten zeigen, wenn sie sich bedroht fühlen oder die Mitgliedschaft in einer fremden Herde suchen. Der Hals wird dabei lang gemacht und leicht nach unten gestreckt. Das Maul wird weit aufgesperrt und dann heftig Luft gekaut (siehe auch *Welche Körpersprache wendet Monty Roberts an?*). Eine vergleichbare Geste kennen wir von den Menschen: Wenn sie unsicher sind, kneifen viele die Lippen zusammen und beißen heftig darauf herum. Alle Lernprozesse in der Gruppe sind auch im Hinblick auf die spätere Nutzung des Pferdes besonders wichtig. Im angeborenen Verhaltensmuster des Pferdes ist es vorgesehen, sich ranghöheren Pferden oder auch – im übertragenen Sinne – ranghöheren Menschen zu unterwerfen. Die Domestikation und Nutzung eines Pferdes wäre ohne diese natürliche Grundlage nie möglich gewesen.

Wenn ein junges Pferd das richtige Sozialverhalten in der Gruppe geübt und gleichzeitig gute Erfahrung mit dem Menschen gemacht hat, wird ein problemloser Umgang mit ihm viel eher möglich sein. Als Käufer eines jungen Pferdes sollte man sich daher unbedingt nach der Kinderstube seines Wunschpferdes erkundigen.

Im ersten Lebenssommer ist das Fohlen ganz auf seine Mutter bezogen, andere Pferde oder Fohlen werden kaum beachtet. In der sozialen Hierarchie der Pferdegemeinschaft ist es noch ein Teil der Mutterstute. Das Kleine braucht viel Schlaf, etwa 30 Minuten pro Stunde, wobei es aber nicht ständig liegt. Je älter es wird, desto weniger Schlaf benötigt es und um so mehr Zeit verbringt es mit Grasen und Spielen. Sein soziales Bewußtsein erwacht zum Herbst hin. Nach dem Absetzen, in der freien Wildbahn zwischen dem achten und dem zehnten Lebensmonat des Fohlens, verliert die Mutter-Kind-Beziehung an Bedeutung.

Nun nimmt das Fohlen mit Gleichaltrigen Kontakt auf. Auch der Kontakt zu seinen Geschwistern spielt eine wichtige

Rolle. Mehr und mehr verbringt es seine Zeit mit den Jähr-
lingsgeschwistern. Sie spielen miteinander und betreiben soziale Fellpflege. Die intensive Geschwisterbeziehung gewinnt einen immer höheren Stellenwert, je älter das Fohlen
wird. Auch zweijährige Geschwistertiere werden in die soziale Beziehung eingeschlossen. Ebenso nimmt das Fohlen
Kontakt zu anderen Herdenmitgliedern auf. Das verläuft allerdings nicht immer positiv, weil ältere Stuten eifersüchtig
darüber wachen, daß die Rangordnungsstrukturen gewahrt
werden. Sie beißen oder treten die Fohlen weg, und so lernen
die Kleinen, nach dem Prinzip Versuch und Irrtum, mit ihrem
angeborenen Sozialverhalten umzugehen. Besonders intensiv lernen sie in der Kindes- und Jugendentwicklung.

Mutterstute droht fremdem Fohlen.

Warum müssen Fohlen spielen?

Das Spiel ist für die Entwicklung eines Fohlens besonders wichtig. Schon im Alter von ein bis vier Wochen spielen Pferdekinder beinahe ständig. Im späteren Spiel lernen sie, eigene soziale Verbände zu bilden und Freundschaften zu knüpfen. Ebenso erfahren sie, andere Mitglieder der Gruppe zu unterscheiden und ihre Rangordnung zu respektieren. Sie jagen sich (Laufspiel), liefern sich Scheinkämpfe, schlagen, treten und kraulen sich gegenseitig (soziales Spiel). Spielverhalten beobachtet man bei bis zu vierjährigen Pferden. Besonders intensiv spielen Hengstfohlen im Alter von 34 bis 50 Monaten. In Junggesellengruppen nimmt das Spielverhalten bis zu 60 Prozent des gesamten Sozialverhaltens ein. Grundsätzlich spielen Fohlen, Jährlinge und Zweijährige am liebsten mit jeweils Gleichaltrigen.

Das Laufspiel

Sobald das Fohlen auf eigenen Füßen stehen kann, zeigt es das gesamte Laufrepertoire mit den verschiedenen Gangarten. Buckeln und Ausschlagen, Traben, auch mal mit hoch erhobenem Kopf und Schweif, Galoppieren, mal langsam, mal schnell. Da alle anderen Tiere der Gruppe völlig ruhig bleiben, hat dieses Galoppieren nichts mit Flucht oder Angst zu tun, sondern mit der Übung für den Ernstfall. Zuerst drehen die Fohlen nur kleine Kreise um die Mutter, dann, im Alter von 17 bis 24 Wochen, dehnen sie ihr Areal aus. Dieses Laufspiel erinnert an das Fangenspielen der Menschenkinder. Stutfohlen bevorzugen auch später noch das Laufspiel, während sich die Hengstfohlen mehr und mehr dem Kampfspiel widmen. Letzteres ist als Training für den ernsthaften Kampf zu verstehen, den ein Hengst ebenso wie das Fluchtverhalten beherrschen muß.

Das Kampfspiel

Das Kampfspiel wird im Gegensatz zum ernsten Kampf immer mit nach vorne gestellten Ohren betrieben. Dabei beantworten Hengstfohlen gerne Gleiches mit Gleichem: Steigen mit Steigen, Beißen mit Beißen und Schlagen mit Schlagen. Folgende Aktionen werden unterschieden:
Beißen ins Genick, in die Mähne, Beißen in Vorder- oder Hinterbeine, seitliches Beißen, Jagen, Beißen beim Jagen, Aufspringen, Ausschlagen mit den Hinterbeinen, Flehmen, sich stehend anstarren. Im Kampfspiel bevorzugen die Hengstfohlen gleichaltrige Spielpartner. Oft sieht man mehrere Paare gleichzeitig spielen.

Ins Kampfspiel vertiefte Hengstfohlen

Das soziale Spiel

Das Fellkraulen dient einerseits der Fellpflege, andererseits dem sozialen Zusammenhalt. Oft suchen sich die Fohlen einen Partner aus, woraus sich Freundschaften entwickeln.

Stutfohlen betreiben Fellpflege gern mit Stutfohlen, vereinzelt aber auch mit Hengstfohlen.

Auch der Leithengst spielt gelegentlich mit den Fohlen und krault mit ihnen das Fell.

Fohlen beim Fellkraulen

Probleme bei der heutigen Aufzucht

Die Fohlenaufzucht in einer gemischten Herde wird heute selten praktiziert. Nach dem Absetzen, also dem 5. bis 6. Monat, werden die Kleinen nach Geschlecht getrennt und wachsen in verschiedenen Gruppen auf. Werden sie verkauft, müssen sie sich an eine neue Umgebung gewöhnen – ein traumatisches Erlebnis für die Kleinen.

Eine besondere Problematik liegt in der Hengstaufzucht. Schon mit zweieinhalb Jahren werden Hengste zur Körung (Hengstbuchanerkennung) vorgestellt. Um sie dort als exzellente Vererber zu präsentieren, werden sie nach dem zweiten

Winter bereits auf dieses Ereignis vorbereitet. Dazu nimmt man sie aus der Gruppe, stallt sie auf und trainiert sie. Die Hengste sind mit zweieinhalb Jahren zwar zeugungsfähig, aber in ihrer physischen und psychischen Entwicklung noch lange nicht erwachsen.

Nach wissenschaftlichen Erkenntnissen teilt sich die Entwicklung in drei Hauptstadien: in Kindheit, Pubertät und subadulte Phase. Die letztgenannte beginnt erst zwischen dem 38. und 62. Lebensmonat. In dieser Zeit geht das gesamte Verhaltensrepertoire des Junghengstes mehr und mehr in das eines ausgewachsenen Hengstes über. In freier Wildbahn organisieren sich die Halbstarken zu einer kleinen Herde und gehen ihre eigenen Wege. Friedliche Interaktionen wie Spielen oder soziale Fellpflege treten immer mehr in den Hintergrund. Manche Hengste versuchen jetzt, durch aggressive Verhaltensweisen ihren eigenen Harem aufzubauen. Ob und wie schnell ein junger Hengst in dieses Stadium kommt, ist durchaus verschieden. Manche Hengste bleiben in ihrem mütterlichen Clan und werden vom Leithengst unterdrückt. Am besten entwickeln sich Hengste unter ihresgleichen, weit weg von der Konkurrenz des Althengstes, und gehen, wenn sie die Reife erlangt haben, ihren eigenen Weg. Nach wissenschaftlichen Untersuchungen braucht ein Hengst vier bis sechs Jahre, um Haremshengst zu werden, erst dann ist er physisch und psychisch gefestigt.

Unter diesem Gesichtspunkt könnte man eine zweite Musterung nach fünf bis sechs Jahren empfehlen, oder grundsätzlich den Zeitpunkt der Körung neu überdenken. Ein Argument für die Körung mit zweieinhalb Jahren sind sicherlich die Kosten, die ein Junghengst in der Aufzucht verursacht. Die Vorbereitung zur Körung bei einem Hengstaufzüchter kostet ungefähr 1 000 DM im Monat. Hinzu kommen die Kosten für tierärztliche Pflichtuntersuchungen und schließlich die

Anmeldegebühren für die Vorbesichtigung und die Körung selbst. Diese Kosten sind von Zuchtverband zu Zuchtverband unterschiedlich hoch.

Um ein möglichst natürliches und gesundes Aufwachsen der Pferde zu sichern, sollte man folgende Punkte beachten:

Das Fohlen sollte solange wie möglich bei der Mutter bleiben und viel frische Luft (Zugluft schadet mehr als Kälte) und Bewegung bekommen. Wie wichtig regelmäßige Bewegung auch für das Wachstum der Gelenke ist, zeigt eine Studie aus Holland. Darin wird nachgewiesen, daß sich Fohlen mit den gleichen genetischen Anlagen durch verschiedenartige Haltung unterschiedlich entwickeln (nachzulesen in der Pferdezeitschrift *St.Georg* 1/99). Nach dem Absetzen sollte das Fohlen in einer möglichst großen Gruppe aufwachsen. Im Winter, wenn es nicht auf die Weide kann, bringt man es am besten in einem Laufstall mit Paddock unter.

Bei der Fütterung sollte darauf geachtet werden, daß der Nachwuchs nicht zu schwergewichtig wird. Und der Kontakt zum Menschen sollte regelmäßig aufrechterhalten werden.

Früh übt sich ...

Je eher man mit der Ausbildung des Fohlens beginnt, um so leichter hat man es später. Dazu gehören das Aufhalftern, Anbinden, Wegführen von der Herde, Hufeheben, das Putzen und Verladen. Für diese Lernprozesse sollte das Pferd mit der menschlichen Stimme vertraut gemacht werden. Eine dunkle Stimme beruhigt das Fohlen, eine hohe wird als Aufforderung verstanden. Beim Füßeheben kann man das gut einsetzen.

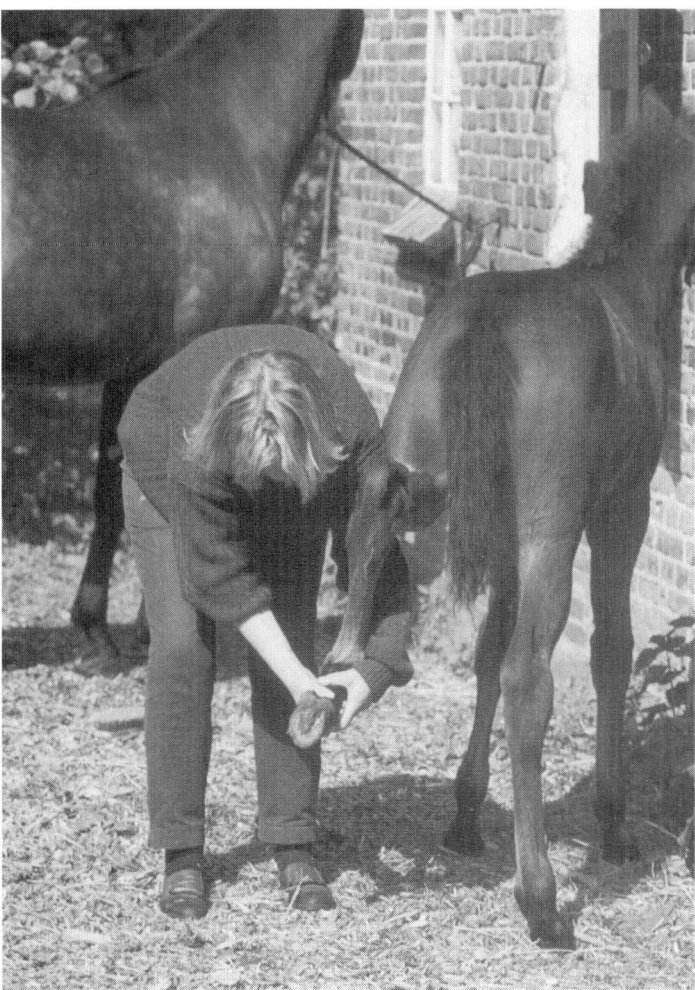

Aufnehmen der Hufe

Ganz wichtig ist das Loben, wenn das Fohlen alles richtig gemacht hat. Auch an das Abspritzen der Beine kann man es
schon früh gewöhnen. Sicherlich wird es zuerst Angst haben,
doch wenn man dem Kleinen in aller Ruhe den furchterregenden Wasserschlauch zeigt, es lobt, sich langsam bewegt und
nicht hektisch wird, lernt es schnell. Für die ersten Verlade-
übungen ist die Mutterstute eine gute Hilfe.

Auch notwendige Berührungen können geübt werden. Dabei
faßt man das junge Pferd um Hinterteil und Brust und hält es
so lange fest, bis es sich entspannt. Diese Übung kann nütz-
lich sein, falls das Tier einmal irgendwo festsitzt. Es gerät dadurch nicht so schnell in Panik.

Neue Übungen sollte man möglichst in vertrauter Umgebung
beginnen, dann kann sich das Fohlen auf den Menschen konzentrieren. In fremder Umgebung ist es bereits mit den
neuen Reizen überfordert. Nicht zuviel wollen! Die einfühlsame und konsequente Beschäftigung mit dem Fohlen wirkt
sich stets positiv auf sein Verhalten aus. Durch Türen und
auch auf die Weide geht immer der Mensch vor, so lernt das
Pferd schnell, den Menschen als Ranghöheren zu akzeptieren. Frühes Lernen macht das Pferd später ausgeglichener,
unkomplizierter und gehorsamer. Falls der Mensch ver-
säumt, mit einem Fohlen zeitig Kontakt aufzunehmen, und
das erst versucht, wenn es bereits ausgewachsen ist, kann er
mit diesem Tier die gleichen Schwierigkeiten bekommen wie
mit einem gefangenen Wildpferd.

Die Pferdehaltung

• •

Jeder, der Verantwortung für ein Pferd übernimmt, sei es als Reiter, Halter oder Züchter, muß dessen Natur und Bedürfnisse kennen. Dabei stellt sich die Frage nach dem Einsatz des Pferdes: Handelt es sich um die Aufzucht eines jungen Pferdes, ist das Pferd ein Freizeit- und Sportpartner, ist es ein Zucht- oder Arbeitspferd? Bei der Auswahl der Haltungsform spielen aber auch Kosten und arbeitswirtschaftliche Gesichtspunkte eine Rolle. Grundsätzlich unterscheidet man folgende Aufstallungsarten: Laufstall, Gruppenauslaufhaltung und Einzelaufstallung.

Laufstallhaltung

Laufställe haben in Gestüten in Verbindung mit großen Weideflächen eine lange Tradition. Voraussetzung ist hierbei aber ein gleichbleibender Pferdebestand, in dem sich eine gefestigte Rangordnung gebildet hat. Problematisch im Laufstall ist die individuelle Futterzuteilung, wobei die Fohlen oder Pferde angebunden oder in abtrennbaren Einzelplätzen untergebracht werden. Dem erhöhten Arbeitsaufwand bei der Fütterung steht die arbeitsparende Entmistung mit dem Frontlader gegenüber.

Bei der Pferdeaufzucht in Gestüten hat man die Erfahrung gemacht, daß die gemeinschaftliche Aufstallung insgesamt zu

ausgeglichenerem Verhalten, besserer Entwicklung der Jung-
tiere und höherem Futterverzehr führt. Die Größe des Lauf-
stalls ist von der Größe der Pferdegruppe abhängig. Die Stall-
größe in m² wird nach folgender Formel bestimmt: Anzahl
der Pferde x Widerristhöhe x 2. Grundsätzlich aber gilt, je
größer, desto besser. Das Leben des Pferdes in einer Gruppe
kommt seinem Naturell und seinen Bedürfnissen als soziales
Herdentier am nächsten. Gemeinschaftliche Aufstallung oder
gemeinsames Herausführen auf ein Paddock oder eine Weide
kann auch zu Problemen führen. Werden Pferde, die bisher
nicht in freiem Kontakt miteinander standen, zusammenge-
bracht, so machen sie sich unverzüglich daran, eine Rangordnung festzulegen. Ein Tier, das nicht ausweichen kann, wird
angegriffen, also braucht man viel Platz. Ohne die Möglich-
keit gemeinsamen Weidegangs oder zumindest großer, frei
zugänglicher Paddocks ist es nicht ratsam, gemeinschaftliche
Aufstallung in einem Raum zu versuchen.

Häufigkeit und die Härte von Auseinandersetzungen sind
nicht nur von der Gewöhnung der Tiere einer Gruppe abhängig, sondern auch davon, inwieweit es gelingt, zueinander
passende Pferde zu gruppieren. Umstellungen, etwa durch
Herausnahme von »Lieblingsopfern« oder geschickte Neu-
gruppierungen, können Nachteile für rangniedere Tiere verringern. Das kann besser in der Gruppenauslaufhaltung praktiziert werden.

Gruppenauslaufhaltung

Hierbei werden Pferde in kleineren Gruppen von vier bis acht
Mitgliedern gehalten. Dem Stall ist ein Auslauf angeschlossen.
Pferden, die unregelmäßig bewegt werden, kommt diese Auf-
stallungsform besonders entgegen, da die Funktionen Liegen,
Fressen und Trinken soweit wie möglich voneinander entfernt

angeordnet sind, um zur Bewegung anzuregen. Man sollte auf eine konstante Gruppenzusammensetzung achten, um das Verletzungsrisiko durch Rangordnungskämpfe gering zu halten. Da man so relativ einfach auf einzelne Pferde zugreifen kann, ist diese Aufstallungsform durchaus für Sportpferde geeignet. Den höheren Anforderungen an den Betriebsleiter hinsichtlich Auswahl und Überwachung der Gruppenauslaufhaltung steht der Vorteil der sozialen Kontakte gegenüber, wie zum Beispiel der gegenseitigen Fellpflege und der größeren Bewegungsmöglichkeiten der Pferde.

Einzelaufstallung

Die Aufstallung der Pferde in Boxen ist in Reitbetrieben weit verbreitet. Die Überwachung ist einfach, und die Pferde sind auch für unerfahrene Reiter jederzeit verfügbar. Die Haltung in einer allseitig geschlossenen Einzelzelle ist für ein im Verband lebendes Tier wie das Pferd eine starke Restriktion. Viele Stallmeister rechtfertigen die Isolierung speziell von Leistungspferden mit dem Argument, daß die Tiere Ruhe bräuchten. Die Begründung ist schlicht falsch. Das Pferd reagiert mit Fluchtverhalten auf unbekannte oder feindliche Sinnesreize. Flucht ist bei der Einzelhaltung im Stall aber ausgeschlossen. Also muß das Pferd lernen, daß der Stall ein sicherer Ort ist, und sich mit Hilfe seiner Sinne von der Ungefährlichkeit der Situation überzeugen. Da das Sehen in einer rundum geschlossenen Box ausgeschlossen und auch das Riechen sehr stark eingeschränkt ist, gerät das Pferd so unter Streß, da es in jeder Situation darauf aus ist, sein Umfeld zu erkunden. Schon die Isolierung stellt ein Moment der Beunruhigung dar. Somit sollen sich Pferde im Stall gegenseitig hören, riechen und sehen sowie einen größeren Teil ihrer Umgebung überblicken können.

Da in der Einzelbox die Bewegungsmöglichkeiten und die sozialen Kontakte zu Artgenossen stark eingeschränkt sind, sollte man für einen Ausgleich durch ausreichende Bewegung oder gemeinsamen stundenweisen Auslauf in Paddocks oder Weide sorgen. Für die empfohlene Fläche einer Box in m² gilt die Faustformel: Widerristhöhe x 2. Die oben beschriebene Aufstallungsform der Pferde in Einzelboxen, noch schlimmer, die Unterbringung in Ständerhaltung, gerät zunehmend unter Kritik. Der Tierschutzbund fordert sogar ein Verbot der Boxenhaltung bei Freizeitpferden, in dem er sagt:»Die übliche Stallhaltung ist eine einzige Quälerei.«

Sicht-, Geruchs- und Körperkontakt ist für Pferde unbedingt notwendig. Sie müssen täglich etwa acht Kilometer laufen, um gesund zu bleiben. Die Eintönigkeit in der Box macht Pferde stumpfsinnig und aggressiv. Oft führt die Einzelhaft zu Verhaltensstörungen – kein Wunder, wenn ein Pferd 23 Stunden am Tag auf 10 m² mit sich allein ist. Das freilebende Pferd ist täglich 16 Stunden auf den Beinen, um Futter zu suchen. Leerlaufende Ersatzbewegungen, wie das Weben in der Box (Pendeln von Kopf und Hals) sowie ein Auf-der-Stelle-Treten mit den Vorderbeinen, sind öfter Resultat der Einzelhaltung. Von den über 600 000 Freizeitpferden in Deutschland wird der größte Teil üblicherweise im Stall gehalten, da eine Alternative oft nicht verfügbar ist. Als Pferdehalter ist man für das Wohlergehen des Tieres verantwortlich. Das Pferd sollte eine Chance haben, sich frei bewegen zu können. Es braucht Gesellschaft, da es ein soziales Wesen ist, dessen Persönlichkeit leidet, wenn es zuviel Zeit allein verbringen muß. Nicht nur die Persönlichkeit, auch der Bewegungsapparat, ja sogar der gesamte Körper des Pferdes nimmt Schaden, wenn es sich nicht ausreichend bewegen kann.

Die Deutsche Reiterliche Vereinigung verfaßte in ihren *Richtlinien für Reiten und Fahren (Band 4: Haltung, Fütterung, Gesundheit und Zucht)* folgenden Merksatz:»Wesentlich für das

Wohlbefinden der Pferde ist also nicht allein das gewählte Haltungssystem an sich, sondern es sind auch die Rahmenbedingungen im jeweiligen Betrieb, insbesondere die Zuwendung und Qualifikation der Betreuer/Halter, die Sicherstellung ausreichender Bewegung, gute Pflege und individuelle bedarfsgerechte Fütterung unter Berücksichtigung der unterschiedlichen Einsatzgebiete des Pferdes wichtig.«

Die Herde

● ●

Wie leben Pferde in der Herde?

In der freien Natur, die man heute nur noch selten findet, leben Pferde in Verbänden, die nach Zahlen-, Alters- und Ge-
schlechtsverhältnis verschiedenartig gegliedert sein können.
Der erwachsene Hengst lebt mit seinem Harem und den dazu-
gehörenden Fohlen und hält sie zusammen. Außerdem
schützt er seine Herde vor einem anderen geschlechtsreifen
Hengst, der seinen Stuten zu nahe kommen könnte. Wenn
sich die eigenen männlichen Nachkommen im Alter von etwa
18–20 Monaten seinen Stuten in eindeutiger Absicht nähern,
werden die Junghengste vom Vater vertrieben (siehe *Wie entwickeln sich die Fohlen?*). Kommen mehrere Junghengste zusammen, bilden sie eine Hengstgruppe.
Nähert sich ein fremder Hengst, so kommt es zum erbitterten
Kampf, der sich folgendermaßen abspielen kann: Zuerst stehen sich die Widersacher nur gegenüber und starren sich an.
Danach versucht jeder Hengst, mit aufgewölbtem Hals und
erhobenem Schweif besonders groß und kräftig auszusehen.
Dann traben sie mit ausdrucksvollen Schwebetritten (sie er-
innern an die Passage) aufeinander zu. Nachdem sich beide
berochen haben, wird der Kampf mit lautem Quietschen eines
Hengstes eingeleitet. Dann starten die beiden Rivalen eine
regelrechte Verfolgungsjagd. Sie kreiseln umeinander und
versuchen, sich in den Hals, die Flanken oder die Vorderfuß-

wurzelgelenke zu beißen. Die Ohren sind flach angelegt. Schließlich steigen die Hengste und versuchen, den Gegner von oben herab nach unten zu drücken. Sie keilen nacheinander aus, mehr aus der Vorhand heraus, seltener aus der Hinterhand, was eher Stutenmanier ist. Wie beim Kampfspiel der Junghengste wird auch hier Gleiches mit Gleichem beantwortet. Deutet ein Hengst eine kurze Flucht an, ist der Kampf unterbrochen. Oft gehen sie dann nacheinander an eine nah gelegene Kotstelle und beriechen sie. Dann flehmen sie, treten etwas vorwärts und setzen ihren eigenen Kot oder Urin auf den Haufen, um ihre Stärke zu dokumentieren. Daraufhin kann der Kampf von neuem beginnen, bis sich ein Hengst mit seinem Harem davonmacht. Erst damit sind die Fronten geklärt. Bei sehr aggressiven Hengsten kann es zu starken Bißwunden und auch zu Knochenbrüchen kommen.

Grundsätzlich sind Pferde aber sehr gesellige Lebewesen und ihren Gefährten gegenüber freundlich gesonnen.

Zu echten Auseinandersetzungen kommt es nur bei Überpopulation oder zu engem Lebensraum. Der Lebensraum der Herde ist immer das derzeitige Revier. Es wird verteidigt und gegebenenfalls erweitert. Das Pferderevier bietet im besten Fall eine Wasserstelle, ein reichhaltiges Nahrungsangebot und Schutz gegen starke Sonneneinstrahlung, Nässe und Wind. Wenn das Territorium groß genug ist, können Pferde das Revier auch mit einer anderen Gruppe teilen. Der Tagesablauf folgt immer einem bestimmten Rhythmus, d.h. jede Aktivität hat ihre eigene Tageszeit und eine festgelegte Stelle im Revier. Liegen beispielsweise Futterplatz und Wasserstelle weit auseinander, so pendeln die Tiere auf einer festen Marschroute in bestimmter Reihenfolge hin und her. Müssen sich mehrere Herden eine Wasserstelle teilen, wird eine Rangordnung erstellt. Meist wird dabei der Leithengst stellvertretend für seine Herde aktiv, aber auch die Leitstuten oder ein untergeordneter Hengst können daran beteiligt sein.

Ist die Rangordnung klar, halten die Gruppen eine gegenseitige Distanz von rund 100 Metern ein.

Die Rangordnung

Alter, Gewicht, Größe und Geschlecht haben Einfluß auf die Rangordnung, wobei die Körpermaße die größte Bedeutung für die Erringung einer sozialen Position haben. In einer gemischten Pferdeherde stellt sich die Hierarchie folgendermaßen dar: Hengst – Stute – Wallach – männliches Jungtier – weibliches Jungtier – Hengstfohlen – Stutfohlen. Aggressive und nicht aufgebende Pferde bekleiden einen höheren Rang als passive. Die Rangordnung in einer Herde spiegelt sich darin wider, daß Pferde von ähnlichem Rang den Großteil des Tages miteinander verbringen. Eine gemeinsame Aktivität, wie zum Beispiel die soziale Körperpflege, wird vom ranghöheren Tier eingeleitet.

Wie wird die Rangordnung aufgestellt?

Sobald mehr als zwei Pferde zusammenkommen, erstellen sie eine Rangordnung. Ihr angeborenes Sozialverhalten zwingt Pferde dazu. Doch ganz starr ist die Rangordnung nicht, denn Pferde schätzen freundschaftliche und familiäre Kontakte. So können zum Beispiel Bruder-Bruder-Beziehungen die normale Rangordnungsregel aufbrechen.
Üblicherweise dominiert das Alphatier alle anderen in der Gruppe, während das rangniedrigste Pferd, das Omegatier, den anderen untertan ist. Die Pferde in der Mitte gehorchen nach oben und dominieren nach unten. Die soziale Auseinandersetzung kann repulsiv (abstoßend), attraktiv (anziehend) und kohäsiv (Zusammenhalt gewährleistend) sein.

Repulsives Verhalten
Eine Pferdeherde ist also kein ungeordneter Haufen, sondern aufgegliedert in einzelne Sozialverbände. Jedes Tier hat, wenn es zum Beispiel im Gänsemarsch mit der Herde zur Tränke zieht, einen festen Platz in der Marschordnung. Die Rangordnung ist meistens aus repulsiven Auseinandersetzungen entstanden. Dabei spielt die Mimik eine wichtige Rolle. Das Drohgesicht ist an den angelegten Ohren und den verkniffenen Lidern, Nüstern und Maulwinkeln zu erkennen.

Das Drohgesicht signalisiert: Komm nicht näher!

Eine dominante Position gegenüber einem anderen Pferd wird durch Aggressivität hergestellt, bis der Gegner nachgibt oder sich zurückzieht. Die Auseinandersetzungen können heftig geführt werden mit Ausschlagen, Treten und Beißen. Manchmal genügt nur ein Stoßen mit dem Kopf und Rammen mit dem

Hals, um zu dominieren. Man kann auch Scheinkämpfe beobachten, in denen Treten und Beißen ohne tatsächlichen Körperkontakt lediglich angedroht werden. Innerhalb kurzer Zeit wird so die Rangordnung hergestellt. Rangtiefe Pferde vermeiden es, nach Festlegung der Rangordnung ranghöheren zu nahe zu kommen. Ist das rangniedere Pferd nicht untertänig genug, reicht meist nur eine Drohgebärde des dominanteren Tieres, um das andere Tier in die Schranken zu weisen. So kennen die Pferde ihren Status ganz genau. Die soziale Dominanz zeigt sich in unterschiedlicher Weise: Ein ranghohes Tier verdrängt ein rangniederes von einem Futterplatz oder von einer Wasserstelle. Auch die Reihenfolge des Wälzens, die Schutzsuche an bestimmten Plätzen, ja sogar das Koten sind von der Rangordnung betroffen. Ranghöhere Tiere setzen Kot und Urin gerne auf den Hinterlassenschaften rangniederer Tiere ab.

Attraktives und kohäsives Verhalten
Unter attraktivem Verhalten versteht man das gegenseitige Beriechen und die soziale Hautpflege, d.h. umgekehrtes Beieinanderstehen, Kraulen der Mähne und vorsichtig knabberndes Beißen des Fells. Diese Art der Fellpflege löst zum Beispiel verfilzte Stellen, entfernt lose Haare und Hautschuppen und öffnet verstopfte Poren. Es dient der Fellpflege genauso wie der gegenseitigen emotionalen Zuwendung. Je mehr sich die Tiere mögen, um so intensiver sind sie damit beschäftigt. Zuerst gehen sie mit gespitzten Ohren aufeinander zu. Kurz wird Nasenkontakt aufgenommen, dann beginnen sie mit der intensiven Pflege der Mähne. Danach reinigen sie sich gegenseitig die Nackenpartie, dann die Schulterpartien und zum Schluß kommt der Rücken bis hin zur Schwanzspitze an die Reihe (siehe Abbildungen). Bei der sozialen Hautpflege setzen die Pferde ein sogenanntes Putzgesicht auf: Die Ohren sind zur Seite gestellt und die Nüstern geschlossen. Soziale Fellpflege dient dem Abbau der Kontakt-

scheu und dem Aufbau von Vertrauen. Dieses Verhalten lernen sie vom ersten Tag an (siehe auch *Frühe Reize*) und behalten es ein Leben lang bei.

Auch das Striegeln ist attraktives Verhalten.

Da ein Pferd das Striegeln des Reiters als Zeichen der Zuneigung empfindet, sollte der Reiter auch selbst diese Pflege übernehmen und es keinem anderen überlassen. Das Verhältnis zwischen Reiter und Pferd gewinnt dadurch an Vertrautheit.

Das kohäsive Verhalten beinhaltet Zusammensein, Geruchskontrolle, Hüten, Folgen, Spielen und auch spielerische Auseinandersetzungen. Das »Zusammensein«, d.h. ruhiges Zusammenstehen, kann als Ziel des attraktiven Sozialverhaltens angesehen werden. Der Kontakt zum Artgenossen wird gesucht und aufrechterhalten.

Diese Przewalsky-Herde weidet in ruhiger Vertrautheit.

Erkundungs- und Meideverhalten

Beim sogenannten Erkundungs- und Meideverhalten der Spezies Pferd gibt es ein angeborenes Grundverhalten. Darüber hinaus aber gibt es auch noch erbliche Besonderheiten des Reagierens auf Ereignisse in der Umgebung. Verhaltensforscher sprechen von der »Reaktionsnorm der Art«, die in ihrer Ausprägung individuell differiert. Pferde haben ein ausgeprägtes Erkundungs- und Meideverhalten. Bei ihrer Neugier helfen ihnen Augen, Ohren und Nase (siehe auch *Die Sinnesorgane*). Jede Herde hat einige Wachposten, meistens Stuten mit Fohlen, die ständig aufmerksam in die Runde schauen. Bemerkt er einen Eindringling, wirft der Posten den Kopf auf und richtet Augen und Ohren auf den Störenfried. Ein warnendes Schnauben ertönt. Damit Augen und Ohren noch bessere Erkennungschancen haben, werden mit Kopf und Hals senkrechte Pendelbewegungen ausgeführt. Beim Anschein einer Gefahr ertönt ein stärkeres Warnschnauben. Es folgt eine 180°-Wendung und die Herde galoppiert so weit, bis eine ausreichende Fluchtdistanz erreicht ist. Das sind in der Regel 400 Meter. Dann macht die ganze Herde wieder kehrt und äugt zurück. Immer wieder ertönt das Warnschnauben. Die Gruppe nähert sich wieder dem Ausgangspunkt, um, getrieben durch ihre Neugier, den Sachverhalt zu erkunden.

Dieses Verhalten haben sich früher die Indianer zunutze gemacht, indem sie erst das Meideverhalten der Pferde nutzten, um sie in die Flucht zu treiben und dann nur noch warten mußten, bis die Herde erkundend zurückkkam. Die Tiere wurden so in einen Hinterhalt gelockt und konnten eingefangen oder erlegt werden.

In der Dämmerung haben Pferde ein ausgeprägteres Meideverhalten, was wohl mit ihrem Erbgedächtnis zusammenhängt, da in freier Wildbahn vor allem Raubtiere in der Dämmerung unterwegs sind. Die Einhufigkeit weist das Pferd als hochspezialisiertes Fluchttier aus. Ernährungsbedingt zählt es zum Fernwanderwild und kennt somit keine ausgesprochene Revierbildung, wie zum Beispiel das Raubtier. Als Revier gilt stets der momentane Lebensraum. Die Tatsache, daß ein Pferd stets versucht, seinen eigenen Stall aufzusuchen, ist nicht Standorttreue, sondern vielmehr eine Folge der Ge-

Der Wachtposten bemerkt Ungewöhnliches.

Lieber aus dem Staub machen…

Die Neugier treibt die Herde zurück. Der Mutigste geht voran.

wöhnung an einen Ort, der vom Menschen erzwungen wurde. Dieser Ort ist Ersatz für den Rangplatz in der Herde und bietet dem Pferd Sicherheit. Die Bindung an gewisse Orte, die mit der Assoziation der Gefahrlosigkeit verbunden sind, gilt als typisch für das Fluchttier. Genauso wie das ängstliche Meiden von Orten und Wegen, die mit Gefahrerlebnissen verknüpft werden. Daraus läßt sich leicht das Scheuen und Durchgehen vor noch so winzigen Veränderungen in der Umgebung ableiten. Viele Reiter haben schon die Erfahrung gemacht, daß schon eine Leiter an der Bande der Reithalle ihr Pferd gründlich verunsichert.

Furchtverhalten kann man verringern, indem man Pferde frühzeitig und oft mit unbekannten Objekten konfrontiert. Gerade diese Dinge sollte man zu Hause trainieren, indem man häufig für kleine Veränderungen in der Umwelt, in diesem Fall in der Reithalle, sorgt. Hätte das Pferd solche Dinge während seiner Evolutionsgeschichte als Beutetier der großen Fleischfresser nicht beachtet, wäre es schon längst ausgestorben. Die Reaktionen auf kleinste Veränderungen in der Umwelt gehören zu seinen wichtigsten arterhaltenden Eigenschaften. Die stete Fluchtbereitschaft und die damit verbundene hohe Reizbarkeit ist dem Pferd geblieben. Natürlicherweise findet das Beutetier seine größte Sicherheit im Herdenverband. Isoliert ist das Pferd ängstlich. Der Mensch muß ihm die Sicherheit, die die Herde bietet, ersetzen. Es bedarf einer Vertrauensbasis zwischen Pferd und Mensch, nur so ist das Fluchttier zum Bleiben und zur Zusammenarbeit bereit. Scheut das Pferd, dann muß der Reiter ruhig im Sattel bleiben, begütigend die Stimme einsetzen, es klopfen, um Vertrauen bei ihm zu erzeugen. Das funktioniert aber nur dann, wenn das Pferd gute Erfahrungen mit den Menschen auf seinem Rücken gesammelt hat.

Die Dressur

••••••••••••••••••••••••

Haben Pferde eine Privatsphäre?

Das Einzelpferd wahrt auch innerhalb einer Herde eine sogenannte Individualdistanz, die ungefähr 1,5 m beträgt. Meist
vermeiden es Pferde, dem Nachbarn zu nahe zu kommen. Ge-
schieht es trotzdem, werden sie meist weggedroht. Handelt es
sich aber um gute Freunde, kommen sich Pferde einander
viel näher (z. B. zum Fellkraulen). Ein vertrauter Mensch
kann die Individualdistanz eines Pferdes unterschreiten und
übernimmt beim Putzen und Schmusen die Rolle des sozialen
Partners.

Wie ist die Dressur des Pferdes möglich?

Dressur sollte nie Vergewaltigung der Kreatur bedeuten, sondern Einfühlungsvermögen, biologisches Verständnis und
Konsequenz. Ziel der Dressur ist der Erwerb von Gemeinsam-
keit, allerdings ohne Vermenschlichung des Pferdes. Zunächst bedeutet das Anpassung des Tieres an den Menschen
und die durch ihn geschaffene Umwelt. Laut Zeeb kann der
Vorgang der Dressur dabei sehr verschieden sein: geschick-
tes Ausnutzen der angeborenen Möglichkeiten oder totales
Gefügigmachen im Sinne von Einbrechen, ohne Rücksicht auf
die natürlichen Fähigkeiten des Tieres. Ein Lebewesen ist al-

lerdings nur dann zu höchsten Leistungen bereit, wenn es sich hinsichtlich seiner angeborenen Fähigkeiten mit der Umwelt im Einklang befindet. Das Pferd ist wie jedes Tier entsprechend seinem Erbgut einem bestimmten Verhaltensschema unterworfen, das man als »Grundverhalten der Art« bezeichnet. Das Artverhalten hat die Funktion eines »Gedächtnisses über Generationen hinweg«. Deshalb sprechen Verhaltensforscher seit Konrad Lorenz vom »Erbgedächtnis der Art«. Darüber sollte sich der Mensch immer im klaren sein, gleich, welcher Art sein Umgang mit dem Pferd ist – als Reiter, Züchter, Dresseur, Jockey, Trabrennfahrer usw.

Welche natürlichen Bewegungsabläufe sieht man in der Dressur?

Die sozialen Auseinandersetzungen zwischen Hengsten, wie z.B. gegenseitiges Umkreisen in Imponierhaltung, um eine günstige Position zu gewinnen, Steigen, Beißen in den Hals oder Oberarm, Ausweichen durch Niederbeugen, haben sich im Laufe der Entwicklungsgeschichte herausgebildet und erblich gefestigt, um nur das beste Erbgut zur Fortpflanzung weiterzugeben. Die Machtkämpfe laufen bei allen Hengsten wie schon beschrieben ab. Das Steigen erweist sich dabei als hervorstechendste Figur. Das macht sich die Dressur für Pferde im Zirkus zunutze.

Alle Dressurlektionen, wie zum Beispiel Piaffe, Passage, Travers oder Levade bei der hohen Schule, haben ihren Ursprung im Kampfverhalten der Hengste. Lediglich die fliegenden Galoppwechsel von Sprung zu Sprung konnte man bisher in freier Wildbahn nicht beobachten. Diese natürlichen Bewegungsabläufe haben, wie oft fälschlicherweise behauptet, nichts Künstliches an sich, sondern sind dem Pferd von Natur aus gegeben. Sie können vom Menschen, wenn auch erst

Steigender Hengst bei einer Zirkuslektion unter der Leitung von Charles Knie

Sitzendes Pferd

nach langer Übungsphase, wieder abgerufen und trainiert werden. Aber wie kann das angeborene Steigeverhalten des Hengstes auf Befehl abgerufen werden? Die Herstellung des Vertrauens ist aller Anfang der Dressur. Nur dadurch gewinnt das Pferd ein Gefühl des Loslassens. Und nur, wenn der Mensch sich in die Wesensart seines Pferdes hineinversetzt, kann er eine Vertrauensbrücke zwischen sich und dem Pferd schaffen.

Ziel der Ausbildung in der Freiheitsdressur ist, das Pferd in Freiheit vorzuführen, also ohne Reiter und mechanische Verbindung zum Dresseur. Dazu bedarf es aber einer für das Tier verständlichen Zeichensprache, damit es die ganze Schönheit seiner Bewegungen ohne jeden sichtbaren Zwang hervorbringen kann. Das Pferd versteht aber nur das, was unter seinen Artgenossen an Verständigungsmerkmalen üblich ist. Die Zeichen, die man dem Pferd gibt, nennt man Hilfen. Der Dresseur gibt zum einen Führhilfen, die die Führung des Pferdes erleichtern. Das sind zum Beispiel Longe, Führstrick und Touchierhilfen, kurze oder lange Peitsche, kurze oder lange Gerte. Fredy Knie, einer der bekanntesten Pferdedompteure aus der berühmten Schweizer Zirkusfamilie, bezeichnet die Peitsche als Taktstock, der vom Pferd als positiv akzeptiert werden soll.

Dann folgen die optischen Hilfen in Form von Mimik, Gestik und Pantomimik. Beim Reiten haben die in jeder Reitlehre erklärten Gewichts-, Kreuz-, Schenkel- und Touchierhilfen Geltung. Im Gegensatz dazu hat die Stimme in der Freiheitsdressur große Bedeutung und Wirkung. Sie ist absolut gleichrangig mit Gerte und Peitsche. Auch bei der Ausbildung der Reitpferde sollte der Reiter seine Stimme als Mittel benutzen, um dem Pferd das Verstehen zu erleichtern. Es wirkt beispielsweise beruhigend auf das Tier, wenn man das Wort »b r a a a v« langsam und mit weicher Stimme ausspricht. Die langgezogenen, weichen Stimmhilfen beruhigen und verlangsamen die Bewegungen. »Hohooh«, langsam gesprochen, veranlaßt das Pferd, vom Galopp in den Trab überzugehen. Ein langes »Haaalt« bringt das Pferd zum Stehen. Kurze, scharf gesprochene Worte haben im allgemeinen antreibende Wirkung. Bei aller Dressurarbeit muß der Mensch als der sozial Überlegene vom Pferd anerkannt werden, und zwar als Artgenosse, nicht als Feind. Zwischen Feinden ist kein Vertrauen möglich. Dem Pferd ist die Unterordnung gegenüber dem Ranghöheren angeboren. Der Dresseur oder Reiter muß die ranghöchste Stellung einnehmen.

Pferd und Mensch

• •

Durch welche Verhaltensweisen entstehen Interesse, Vertrauen, Freundschaft und Gehorsam?

Um den Grundstein für eine positive Auseinandersetzung mit dem Pferd zu legen, sollte der Mensch die Sprache und die Gesetze der Pferde lernen, damit sich beide in der Welt des anderen zurechtfinden können.

In der Herde fühlt sich das Pferd nur wohl, wenn es seinen festen Platz in der Rangordnung eingenommen hat (soziale Sicherheit). Übertragen bedeutet das, daß der Mensch einen Platz in der Rangordnung des Pferdes einnehmen muß, um akzeptiert zu werden. Ließe sich der Mensch jedoch auf einen Rangordnungskampf mit dem Pferd ein, hätte er schon im Ansatz verloren: Er ist nie stärker als ein Pferd. Er sollte vielmehr versuchen, die Rolle des Leit- oder Führpferdes einzunehmen, und gleichzeitig eine freundschaftliche Beziehung anstreben. Auch in der Herde entwickeln sich Freundschaften unabhängig von Rang und Position. Für diese Rolle muß der Mensch bestimmte Qualifikationen wie Wissen, Selbstsicherheit, Souveränität, Ruhe und Konsequenz mitbringen. Da der Mensch dem Pferd kräftemäßig unterlegen ist, sollte er stets der Höhergestellte sein. Dies kann er nur erreichen, wenn er sich von seinem Pferd zum Beispiel niemals schubsen oder drängeln läßt, nicht einmal im Spiel. Das Pferd darf gegenüber dem Menschen nie Gebrauch von seiner Kraft machen. Die konsequente Auseinandersetzung mit dem Pferd verlangt auch Strenge und energisches Durchsetzen – nicht immer ein bequemer Weg. Ist aber erst einmal ein gleichbleibender Ablauf im Umgang mit dem Pferd erreicht, so dankt es das mit Interesse und Gehorsam.

Verhaltensregeln

Seien Sie sich Ihrer Ziele im Umgang mit dem Pferd bewußt.

Verhalten Sie sich gleichbleibend, d. h. zeigen Sie Ihrem Pferd deutlich, was gewünscht und was nicht erlaubt ist. Das Pferd muß sich auf Ihre Aktionen und Reaktionen verlassen können, unabhängig davon, ob im heimischen Stall oder auf einem Turnier.

Konzentrieren Sie sich bei der Arbeit auf Ihr Pferd. Ihre Gedanken beeinflussen Ihre Körperhaltung, die vom Pferd genau registriert wird.

Die Hand des Menschen kann loben, füttern, aber auch strafen. Sie ist auch in der Verlängerung durch die Gerte richtungweisend.

Sie dürfen das Pferd beim Futter stören, ohne von ihm weggedroht zu werden. (Natürlich nicht ständig von der Futterkrippe wegzerren!)

Sie gehen als erster durch Türen und Tore, denn der Ranghöhere hat den Vortritt. Lassen Sie das Pferd auf die Weide oder das Paddock, drehen Sie es erst zu sich herum und lösen dann den Strick.

Sie bestimmen das Tempo, d. h. Sie wirken auf ein hektisches Pferd mit Ruhe und auf ein desinteressiert langsames mit schnelleren Bewegungen ein.

Falls das Pferd abgelenkt ist, versuchen Sie sein Interesse zu wecken. Dazu stellen Sie ihm neue Aufgaben und setzen Mittel wie Stimm- und Zügelhilfe ein. Beim

Reiten kommen noch die Gewichts- und Schenkelhilfen
hinzu.
Wenn das Pferd nicht wie gewünscht reagiert, sollten Sie
sofort und entschieden handeln. Danach ist wieder Ruhe
(siehe auch *Lernen nach operanter Konditionierung*).
Setzen Sie Ihre Körpersprache bewußt ein.

Wie wirkt die menschliche Körperhaltung auf das Pferd?

Pferde sind sehr empfänglich für die Körperhaltung und die
Bewegungsrichtung des Menschen. Eine aufrechte, selbst-
bewußte Körperhaltung signalisiert Stärke, während eine
schüchterne, geduckte Haltung dem Pferd entweder Rückzug
signalisiert oder es gar ein anpirschendes Raubtier assoziie-
ren läßt. Durch die seitliche Augenstellung ist das Pferd in
der Lage, fast rundum zu sehen. So kann es die kleinste Be-
wegungsänderung des Menschen wahrnehmen. Vergegen-
wärtigt man sich dieses Wahrnehmungsvermögen, wird
schnell deutlich, daß eine auf die Hinterhand gerichtete Bewegung das Pferd vorantreibt. Dagegen bremst es oder dreht
sich um, wenn die Bewegung auf den Kopf zuläuft. Das kann
man sich zum Beispiel beim Longieren oder Freilaufenlassen
zunutze machen.
Monty Roberts, der bekannte »Pferdepsychologe«, der vor allem mit seinem Bestseller *Der mit den Pferden spricht* interna-
tionale Anerkennung fand, hat mit seiner Arbeit an wilden
Mustangs in Amerika besondere Erkenntnisse über die Körpersprache der Pferde gewonnen und diese in Bild und Ton
bewiesen. Er beobachtete wilde Mustangs in der Herde und
stellte fest, daß die Leitstute nicht nur den jungen Pferden als
Vorbild dient, sondern sie auf eine ganz bestimmte Art straft,

wenn sie sich nicht akzeptabel verhalten. Die Strafe besteht in Isolation. Der kleine »Schüler« wird von ihr weggeschickt und alleine gelassen. Das junge Tier »weiß« instinktiv, daß die Trennung von der Herde seinen Tod bedeuten würde. Pferde wissen auch, daß sie nur in der Herde stark genug sind, um sich gegen ein Raubtier mit gezielten Tritten zu verteidigen. Auch das Raubtier weiß, daß es mit eingeschlagenen Zähnen verloren wäre. In einem einzeln grasenden Tier erkennt es jedoch eine leichte Beute.

Wenn nun die Stute ein Pferd straft, gibt sie ihm durch ihre Körperhaltung deutliche Signale, daß es außerhalb der Herde bleiben soll. Sie schaut es mit hoch erhobenem Kopf an und hält ihre Schultern steif. Erst wenn sie beginnt, im Kreis zu laufen, also ihre Bewegungen runder zu machen, den Kopf zu senken und den Blick von dem Weggeschickten nimmt, weiß der Kleine, daß er wiederkommen darf.

Welche Körpersprache wendet Monty Roberts an?

Nach den Beobachtungen begann Monty Roberts die Körpersprache der Leitstute auf sich zu übertragen und schaffte es, wilde Pferde nach relativ kurzer Zeit ohne Anwendung von Gewalt zu zähmen. Dafür sucht er ein junges wildes Pferd aus, das nur an ein Halfter gewöhnt ist, und führt es in einen abgegrenzten Laufzirkel. Dann schaut Roberts dem Pferd ins Auge und löst durch eckige Bewegungen (zum Beispiel mit einem Seil) Angst aus, worauf das Pferd durch sein angeborenes Verhalten zu flüchten versucht. Es rennt im Kreis, was ungefähr der Distanz eines ihm folgenden Pumas entspräche, und schaut sich dann um. »Erst rennen, dann umdrehen und schauen, was diese Angst ausgelöst hat, ist typisches Pferdeverhalten«, sagt Monty Roberts (siehe auch *Erkundungs- und Meideverhalten* in *Die Rangordnung*).

Nach einer Weile sendet das Pferd über die Körpersprache ganz bestimmte Signale aus: Es senkt den Kopf, bewegt seine Lippen und leckt. Das Senken das Kopfes bedeutet, daß es in der Patsche sitzt, weil es zwar die nötige Distanz hinter sich gebracht hat, aber das angstauslösende Ding immer noch da ist. Sobald es den Kopf bis zum Boden fallen läßt, heißt das: »Ich lass' mich auf dich ein, weil ich Angst habe und Hilfe brauche und du der einzige bist, der mir helfen kann.« Kauen und Lecken signalisiert nach Monty Roberts: »Keine Sorge, ich bin Pflanzenfresser.« Fohlen zeigen diese Unterwürfigkeitsgeste noch deutlicher mit dem Mäulchenschnappen.

Sobald das Pferd genug Unterwürfigkeit zeigt, wird Monty Roberts passiv und wirkt dadurch nicht mehr bedrohlich. Er senkt seinen Blick und wendet sich leicht ab. Nun kommt das Pferd auf ihn zu und fragt damit: »Bist du mein Führer? Hilfst du mir?« Roberts streichelt das Pferd, langsam mit runden Bewegungen, und schaut ihm dabei nicht ins Auge. Er belohnt es für das Herkommen. Wenn Roberts nun um das Pferd herumgeht, reagiert das Pferd instinktiv und folgt dem Leittier. Je länger es ihm folgt, desto wohler fühlt es sich.

Selbst in der freien Wildbahn ist es ihm gelungen, ein wildes Tier von der Herde zu trennen und nach einigen Tagen durch Körpersprache zu zähmen, ihm Zaumzeug und Sattel aufzulegen und beizubringen, einen Reiter zu akzeptieren.

Equus nennt Monty Roberts sein Kommunikationssystem. »Es ist eine Körpersprache, die beinhaltet, wie der Körper gestellt ist, wie er sich bewegt, wie schnell und in welche Richtung. Es ist erstaunlich, wie schnell Pferde lernen. So ist es wichtig, sie beim kleinsten Fortschritt zu belohnen.« Roberts geht immer sehr langsam vor. Zuerst lernt das Pferd, menschliche Berührungen am ganzen Körper zu akzeptieren. Dann erst wird ein Gurt aufgelegt, danach ein kleiner, leichter Übungssattel und schließlich der schwere Westernsattel.

»Wenn man zu ungeduldig ist, kann es zu einer aggressiven

Reaktion des Pferdes kommen. Mustangs können eine Fliege an der Wand treffen.« Zuerst läßt er den Gurt herunterhängen. Das Pferd gewöhnt sich relativ schnell daran und erkennt, daß dieses Ding keine bedrohliche Schlange ist. »Pferde mögen es nicht, eingesperrt zu sein. Sie lieben die weite Steppe. Deshalb wirkt der Gurt, der sie einzwängt, besonders beängstigend.«

Der Mustang will jetzt fliehen, sein Körper ist in Fluchtbereitschaft gestellt. Er tut es nur nicht, weil er bereits von Roberts bzw. einem Führer abhängig ist. Durch Bewegung schafft Roberts Unterordnung. »In einigen Minuten wird der Mustang sich an den Druck gewöhnen und sich entspannen.« Durch Roberts' Körpersprache konzentriert sich das Pferd auf ihn, und er schafft in der freien Wildbahn auch noch die letzte Herausforderung. Der Mustang akzeptiert den Reiter. Ein Beweis dafür, daß die wildesten Pferde reagieren, wenn man sie in ihrer Sprache anspricht. »Das Wichtigste«, sagt Monty Roberts, »ist der Anfang!«

Wie lernen Pferde?

Die Lernfähigkeit der Pferde war die Voraussetzung für ihre Domestikation. Manche lernen schnell, andere etwas langsamer. Aber die erworbenen Fähigkeiten bleiben lange im Gedächtnis, d.h. die persönlichen Erfahrungen werden in das ererbte Verhalten eingegliedert. Diese sogenannte Instinkt-Dressur-Verschränkung ist einer der wesentlichen Faktoren im Leben eines Pferdes. Jede Ausbildung besteht aus Lernen, Gedächtnis und Erinnerung. Die bewußte Aufnahme, Speicherung, Verarbeitung und Abgabe von Information macht es möglich, positive Erfahrungen zu wiederholen und negative zu vermeiden. Dieses Muster ist die Grundlage jeglichen Umgangs, einschließlich dem des Reitens mit dem Pferd.

Lernen durch klassische Konditionierung

Unter klassischer Konditionierung versteht man eine Methode, nach der Pferde ihr Verhalten einzurichten lernen. Hier zwei Beispiele: Wenn der Futterwagen durch die Stallgasse fährt, lernen Pferde schnell, daß auf dieses neutrale Geräusch eine Belohnung in Form von Futter folgt. Schon bald reagieren sie mit freudig erwartungsvollem Wiehern darauf.

Auch das Zirkuspferd lernt nach dieser Methode. Zuerst wird es mit seinem Namen gerufen, dann folgt das Heranziehen durch den Dompteur und schließlich wird es mit einem Leckerbissen belohnt. Nach ein paar Wiederholungen lernt es so, auf Ruf zu seinem Meister zu kommen.

Wichtig bei dieser Lernmethode ist die Verknüpfung zwischen dem Reiz und der nachfolgenden Belohnung. Bleibt letztere aus, stellt sich auch der Lernerfolg nicht ein.

Lernen nach operanter Konditionierung

Bei dieser Ausbildungsform lernt das Pferd durch Versuch und Irrtum. Die Voraussetzung dafür ist die angeborene Neugier der Pferde. Wie zum Beispiel die automatische Wassertränke auf der Weide funktioniert, finden sie schnell heraus. Aber auch dabei ist die zeitliche Abfolge von der Aktion bis zum Erfolg sehr wichtig. Würde zwischen der Aktion und dem Fließen des Wassers zuviel Zeit verstreichen, könnten die Pferde den Zusammenhang nicht begreifen und der Lernprozeß bliebe aus.

Lernen durch Gewöhnung oder Habituation

Wirken auf Pferde immer die gleichen Reize ein, gewöhnen sie sich daran, man spricht von Habituation. Durch diesen Lernprozeß verlieren Pferde zum Beispiel die Scheu vor lauten, furchterregenden Dingen oder Geräuschen. Diese Art der Habituation ist gut und gewünscht. Aber sie »gewöhnen« sich auch zum Beispiel an einen ständig klopfenden (Menschen-) Schenkel und reagieren dann kaum noch mit freudigem Vorwärtstreten. Aus diesem Grund sollte die Schenkelhilfe immer dosiert, deutlich und energisch eingesetzt werden. Nach der gewünschten Reaktion muß der Schenkel wieder ruhig am Pferd liegenbleiben (genauso verhält es sich mit der Zügelhilfe). Die Ausbildungsstufe eines Reiters und seines Pferdes läßt sich daher an den feinen, kaum sichtbaren Hilfen des Reiters erkennen und macht deutlich, wieviel Mühe, Geduld und Konsequenz in der Ausbildung eines Pferdes steckt.

Lernen durch Prägung

Unter Prägung versteht man eine Lernmethode, die Verbindungen schaffen soll. Die soziale Prägung findet gleich nach der Geburt statt und ist zeitlich begrenzt (siehe auch *Frühe Reize*).

Wie kann der Reiter sein Pferd richtig motivieren?

Wer mit Pferden arbeitet, möchte von ihnen gute Leistungen. Leistung soll hier nicht im Sinne von Höchstleistung verstanden werden, sondern eher als Effizienz und Lust. Das Pferd sollte Freude an der Arbeit verspüren, denn wenn es nicht von sich aus mitarbeitet, kann es keine Erfolge geben. Leistungskiller sind mit Sicherheit Herumstehen im Stall und Langeweile. Als Reiter muß man es verstehen, dem Pferd viel Abwechslung zu geben. Kein Dressurpferd will jeden Tag dasselbe Programm abspulen, und auch kein Springpferd will tagtäglich über die gleichen Hindernisse gehen. Man sollte dem Pferd Paddock, Weidegang, Ausritt ins Gelände, Longieren und Bodenarbeit als Abwechslung bieten, damit ihm bestimmte Lektionen nicht sehr bald zum Halse heraushängen. An der Arbeitsmotivation des Pferdes kommt kein Reiter vorbei. Das gilt vom Freizeit- bis zum Spitzenreiter aller Reitweisen und aller Ausbildungsstufen. Dem Pferd sollte seine Tätigkeit so verlockend angeboten werden, daß es sie als selbstverständlich und angenehm empfindet und sein volles Leistungspotential ausgeschöpft werden kann. Sowohl Unter- wie auch Überforderung führen zu sinkender Leistung. Mangelnde Leistungsbereitschaft wird möglicherweise auch durch Schmerzen hervorgerufen. Ein schlecht sitzender Sattel kann unter dem Gewicht des Reiters einen Druck entstehen lassen, den das Pferd als immer schmerzhafter empfindet und der zur Begleiterscheinung der täglichen Arbeit wird. Auch Zahnprobleme können zu Leistungsabfall und sogar zu grober Widersetzlichkeit führen. Es gibt sehr viele Gründe, warum Pferde irgendwann nicht mehr mitarbeiten wollen. Sie können genetischer, gesundheitlicher oder psychischer Natur sein.

Wird man als Halter eines Pferdes dessen Ansprüchen gerecht? Pferdegerechte Haltung bedeutet nicht nur optimale Unterbringung, beste Fütterung, Pflege und Hygiene. Man muß dem natürlichen Verhalten des Pferdes entgegenkommen. Neben konzentrierter Arbeit sollte es möglichst viel unbeschwerte Bewegung geben, dazu eignen sich im Sommer Weidegang und im Winter der Auslauf im Paddock. Das gemächliche Grasen im Schritt beruhigt das Pferd und wirkt sich positiv auf seine Gelassenheit aus. Auch im Paddock können die Lungen ventilieren. Thermoregulation und Immunsystem werden auf Hochtouren gebracht. Die Bewegung unterstützt die Nährstoffversorgung der Sehnen und Gelenke. Auslaufpferde haben selbst im Winter warme Hufe und Fesseln, reine Boxenpferde dagegen oft eiskalte Hufe und Beine im unteren Bereich.

Viele Pferdebesitzer wissen, wie gut der Auslauf ihren Pferden tut, aber die Angst vor Verletzungen des Tieres durch un-
gestümes Herumtoben ist groß. In der Folge bleiben gerade
Sportpferde im Stall. Nicht der Paddock ist das Problem, sondern die mangelnde Gelegenheit, sich frei und ungezwungen
zu bewegen. Wenn das Pferd dann endlich einmal raus darf,
explodiert es förmlich. Die Gefahr ist groß, daß es sich dabei
vertritt oder ein Eisen verliert. Stallpferde sollte man vorsichtig an den Paddock gewöhnen, vielleicht erst nach getaner Arbeit in die Freiheit entlassen. Sie sollten möglichst von einem
ruhigen Beistellpferd begleitet werden, denn viele Pferde fühlen sich ohne einen »Kollegen« verunsichert. Sie laufen kra-
keelend auf und ab, sind klatschnaß geschwitzt und von Ruhe
ist keine Rede mehr. Dann ist auch der letzte Schritt nicht
mehr weit, über den Zaun zu springen und Zuflucht in der
Box zu suchen – ein Alptraum für jeden Pferdebesitzer, der
schon eine ausgefallene Turniersaison oder eine horrende
Tierarztrechnung im Hinterkopf hat. Die beste Lösung ist natürlich eine direkt an das Paddock grenzende Box, die das
Pferd nach Lust und Laune betreten kann. Auf dieser kleinen
Fläche lohnt sich das Herumtoben nicht und Aufregung gibt
es auch keine. Auf jeden Fall ist Abwechslung im Tagesge-
schehen das Wichtigste.

Pferdegerechte Umgangsmethoden anerkannter Fachleute

● ●

Auf der Equitana 99 konnten wir bei einer Demonstration der Pat Parelli-Natural Horsemanship folgendes beobachten: Eine Dame motivierte von ihrem Rollstuhl aus ihr Pferd in einer Art Freiheitsdressur mit kleinsten Hand- und Körperbewegungen zu dressurmäßigen Höchstleistungen wie Piaffe und Passage. Auch Birger Gieseke, ein lizenzierter deutscher Horsemanship-Trainer, beeindruckte, wie er ohne Sattel und Zaumzeug, nur mit Einsatz der Körpersprache, sein Pferd schwierige Lektionen meistern ließ. Wir spürten, daß alle an der Horsemanship-Demonstration beteiligten Pferde richtig »Spaß bei der Sache« hatten.

Wie schaffen es einige Menschen, eine so enge Verbindung mit ihrem Pferd einzugehen, daß derartige Leistungen möglich sind? Von den anerkannten Lehrmethoden, die auf der Körpersprache von Pferden basieren, sind im anschließenden Kapitel einige ausgesuchte beschrieben. Grundsätzlich gilt bei allen »Pferdeflüsterern«, wie Fachleute nach dem gleichnamigen Roman von Nicholas Evans heute gern genannt werden, folgender Merksatz: Das Pferd ist ein Pferd, und die Fehler machen immer die Menschen.

Jochen Schumacher

Ein Pferd muß gewisse Umgangsformen beherrschen. Dazu gehören u.a. Stillstehen beim Aufsitzen, ruhiges Verhalten beim Angebundensein und kooperatives Verhalten beim Schmied. Eine solide Grunderziehung ist notwendig, um den Umgang mit dem Partner Pferd zu erleichtern und sicher zu machen. Die meisten Unfälle geschehen nicht beim Reiten, sondern im alltäglichen Umgang, und haben ihre Ursache häufig in mangelnder Erziehung. Der Leiter des Freizeitreiterzentrums in Reken, Jochen Schumacher, nennt Konsequenz, Geduld und Ruhe als die drei »Zauberbegriffe« in der Pferdeerziehung. Seiner Meinung nach gehen viele Menschen »zu lieb« mit ihren Pferden um, indem sie mit ihnen »herumtüddeln« wie mit einem Spielzeug. Das Pferd fängt an, in bestimmten Situationen seinen Kopf durchzusetzen, wenn ihm keine Grenzen gesetzt werden. Schumacher führt folgendes Beispiel an: Ein Pferd will im Gelände eine Holzbrücke nicht überqueren, bei der es vorher nie ein Problem gab. Der Reiter scheut die Auseinandersetzung mit dem Pferd und kehrt um. Das Pferd hat gewonnen. Jetzt wiederholt sich diese Situation noch fünf oder sechs Mal, und das Tier hat sich an die neue Hierarchie gewöhnt: »Jetzt ist das Pferd der Chef und nicht mehr der Reiter.«

Folgende Methoden wendet Schumacher bei seiner Erziehung an. Zunächst trainiert er die Pferde im »Roundpen«, einem rund abgesteckten Paddock. Der Roundpen unterscheidet sich kaum von einer Zirkusmanege, in der speziell Pferde schon seit »ewigen« Zeiten von Dresseuren ausgebildet werden. Beim Training sollte jeder Pferdebesitzer oder -ausbilder ein Grundwissen über die Körpersprache haben, die man anwendet, um treibend, neutral oder bremsend auf das Pferd einzuwirken. Ist die Bewegung des Trainers auf die Hinterhand des Pferdes gerichtet, wirkt sie treibend, geht sie mehr in Richtung Kopf, wirkt sie bremsend. Nach dem Training im »Roundpen« folgt die nächste Erziehungsstufe, die Bodenarbeit. Hierbei bewältigt das Pferd einen Parcours, der über Stangen, Rampen, Brücken, Wippen, Plastikplanen, Reifen und vieles mehr führen kann. Bodenarbeit stärkt nicht nur das Selbstvertrauen des Pferdes, sondern auch das Vertrauen des Tieres zum Menschen. Auch die Scheufestigkeit wird trainiert. Schließlich folgt die nächste Stufe, die Longenarbeit: erst die einfache, dann die Doppellonge. Die Aufnahmephase, in der Pferde sich voll konzentrieren können, beträgt ungefähr 15 bis 25 Minuten. Die einzelnen Ausbildungsschritte sollten auf keinen Fall überstürzt werden. Nur so kann man Spaß an einem gut erzogenen Pferd bekommen, das weder den Tierarzt noch den Schmied in Gefahr bringt oder den Hänger kurz- und kleintritt.

Klaus Ferdinand Hempfling

Klaus Ferdinand Hempfling macht in seinem Buch *Mit Pferden tanzen* folgende Aussage:»Das Pferd in der Natur zeigt Verhaltensweisen, die es von allen anderen Tieren unterscheidet. Zu diesen Verhaltensweisen gehören der Aufbau der sozialen Struktur und das Phänomen, individuelle Freundschaften zu schließen. Der Schlüssel zu beiden, zur notwendigen Dominanz und zum intimen, verständnisvollen Vertrauen, ist die pferdegemäße Kommunikation, ist die Sprache des Körpers.« Das Pferd sucht seinen Schutz in der Herde, aber meist nur ein einziger Artgenosse genießt seine Zuneigung und vertrauensvolle Bindung. Dieses Verhaltensmuster ist der Grund dafür, daß man Pferde nur paarweise in eine bereits bestehende Herde einordnen sollte.

Hempfling behauptet weiter, es sei absolut notwendig, das Pferd vor allem für seine psychische Befriedigung hundertprozentig zu dominieren. Nur so könne es entsprechende Stabilität und Ausgeglichenheit finden. Auf der anderen Seite muß das Pferd aber den Menschen auch als Partner und Freund mögen. Wie aber bekommt nun der Mensch Dominanz und Freundschaft unter einen Hut, um auf pferdegerechte Art mit ihm kommunizieren zu können? Das erklärte Ziel ist ein Dominanz- und Vertrauensverhältnis. Durch artgerechte Körpersprache muß der Mensch versuchen, so etwas wie ein ranghöheres Herdenmitglied zu werden. Das Pferd ist in der Lage, aus unserer Gestik und dem gesamten Ausdruck unseres Körpers Informationen zu ziehen. Die Gestik muß aber eindeutig und nicht widersprüchlich sein, nur dann kann sie eine Wirkung auf das Verhalten und die Psyche des Pferdes haben. Unsere Bewegungen sollten fließend, rund und weich sein.

Da Pferde auf kleinste Impulse reagieren, ist ein hektisches Herumgehampel absolut störend. Bewegen wir uns langsam und bedächtig, so werden die Impulse, die wir geben, sofort verstanden. Freilebende Pferde lernen ausschließlich durch Nachahmung. Gibt der Leithengst oder die Leitstute das Kommando »Halt« für die Herde, dann stoppen alle. Dieses Kommando kann man während der Bodenarbeit mit Hilfe der Körpersprache ausführen lassen, indem man signalartig aus einem gleichförmigen Bewegungsfluß abrupt stehenbleibt und das Untertreten der Hinterhand vormacht. Übertrieben ausgedrückt heißt das: Der »Pferdemensch« springt aus der fließenden Bewegung in eine Art angedeutete Hocke und verharrt in dieser Stellung. Das Pferd wird dieses Signal verstehen und ebenfalls stehenbleiben.

Auch beim Führen des Pferdes sollte man Chef der Herde sein, und das Pferd sollte überallhin folgen. Es tritt an, wenn der Chef antritt, es wird langsamer oder schneller, wenn man selber verlangsamt oder beschleunigt. Der Führstrick wird relativ lang gehalten, damit sich das Pferd seinen eigenen Abstand zum »Leittier« suchen kann. In der Regel werden die Pferde bei uns zu dicht am Menschen geführt. Mit dem Rückwärtsrichten vom Boden aus hat man ein starkes Dominanzmittel in der Hand, denn laut Hempfling bedeutet das Zurückweichen eines Pferdes immer eine Unterwürfigkeitsgeste. Zusammenfassend läßt auch Klaus Hempfling seine Umgangsformen und Kommunikationsansätze aus einer genauen Beobachtung und Kenntnis des Herdenverhaltens der Pferde resultieren.

Pat Parelli

Auch Pat Parelli spricht von nonverbaler Kommunikation zwischen Mensch und Pferd. Bei der Beobachtung der Stute-Fohlen-Beziehung konnte er bestimmte Spiele zwischen beiden beobachten. Die Stute beleckt ihr Fohlen zärtlich am ganzen Körper.

Diese Form der Zuneigungsbekennung nennt Parelli »friendly game«. Der Mensch kann die Rolle der Stute spielen und über den Körper des Pferdes streichen, um ihm zu zeigen, daß er es nicht wie ein »Raubtier« verletzen will und ihm freundlich gesonnen ist. Die Streicheleinheiten übt der Mensch so lange aus, bis das Pferd die Berührungen am ganzen Körper genießt und sich entspannt. Anschließend folgt das richtungweisende Spiel, wobei das Fohlen in die von der Stute gewünschte Richtung gestubst wird. Auch das kann der Mensch mit dem Pferd nachspielen, wobei das Tier nur mit feinsten Berührungen in die gewünschte Richtung dirigiert wird.

Parellis Methode nennt sich Parelli-Natural Horsemanship, kurz PNH. Ihr Ziel ist es, das Herz des Pferdes zu gewinnen und seinen Respekt zu erlangen. Das Pferd reagiert auf den Menschen und dessen Ausstrahlung. Es liegt an ihm und seiner inneren Einstellung. Positives Denken beeinflußt die Körperhaltung, und das Pferd reagiert äußerst sensibel auf diese Sprache. Die PNH-Methode basiert auf vier Säulen der Ausbildung: Longenarbeit, Freiheitsdressur, Freestyle-Reiten und verfeinertes Reiten. Folgende Gedanken liegen dieser Theorie zugrunde: Pferde sind Herdentiere, die untereinander kämpfen, um eine Rangordnung zu erstellen. Das tun sie so lange, bis sich das Alpha-Tier in der Herde etabliert und auch das niederste Tier seinen festen Platz hat.

Tritt der Mensch in ihren Lebensraum, spielen sie die gleichen Dominanzspiele mit ihm. Der Mensch sollte nun versuchen, wie Pferde zu denken und nicht wie ein Raubtier zu reagieren. Er sollte exakt das mit ihnen spielen, was sie auch untereinander tun. Allerdings sollte er stets als Gewinner daraus hervorgehen. Parelli behauptet: »Pferde sind natürliche Folger und brauchen natürliche Führer.« Die Spiele, es sind insgesamt sieben, sollen dem »Pferdemenschen« helfen, das Pferd zu analysieren, richtig zu reagieren und sein Vertrauen und seinen Respekt zu gewinnen. Damit ist der Grundstein für eine anhaltende Partnerschaft gelegt.

Linda Tellington-Jones

Die Tellington-Methode entwickelt aus der Kenntnis der psychischen und körperlichen Bedürfnisse des Pferdes heraus eine ganzheitliche Behandlung oder Erziehungspraktik. Mit dem Tier leicht verständlichen Signalen, mit Stimme, Körperhaltung und der Arbeit der Menschenhand wirkt sie auf die Psyche des Pferdes. Die Methode vertritt den Wunsch, ein zum Mitdenken geschultes Pferd zu erziehen, das sicherer ist, weil es nicht vor allem Unbekannten davonrennt. Es vermittelt dem Reiter das Gefühl, einen verläßlichen Kumpel zu haben. Das Reiten eines derart ausgebildeten Pferdes ist weniger anstrengend, weil es nicht ständig mit dem Reiter kämpft und ihn deshalb leichter sitzen läßt. Es verbraucht seine Kräfte nicht in der Abwehr unverstandener Reiterbefehle, was letztendlich wieder schonend auf den Pferdekörper wirkt.

Linda Tellington-Jones wendet diese Methode an, um zunächst durch Abtasten des gesamten Pferdekörpers das Pferd kennenzulernen. Mit Handfläche und Fingern entdeckt sie, ob ein Muskel verspannt ist oder sich wärmer anfühlt als der übrige Körper, ob eine Sehne geschwollen ist, Druckstellen oder kleinere Wunden zu finden sind. Der Druck der Fingerspitzen wird variiert, um so festzustellen, ob das Pferd Schmerzzeichen von sich gibt. Das kann sich im Hochwerfen des Halses, dem Zucken der Rückenmuskeln oder seitlichem Wegspringen ausdrücken. So stellen sich Unarten wie Kopfschlagen, Durchgehen, Buckeln oft als Folge von Schmerzen heraus, die durch Verspannungen im Bereich des Halses, des Rückens, der Hüften usw. ausgelöst werden. Wenn das Pferd schon beim Putzen oder Satteln den Rücken wegdrückt, beim Aufsitzen mit der Hinterhand wegknickt, stets im Kreuzgalopp galoppiert, mit der Hinterhand wegrutscht, sind fast immer Schmerzen die Ursache. Mit dem Tellington-Touch (siehe weiter unten) kann es gelingen, den Ausgangspunkt zu ergründen. Über das Aufspüren von Schmerzen hinaus hat die Arbeit am Körper den wichtigen Effekt, Wohlgefühl beim Pferd auszulösen (siehe auch die Ausführungen zur sozialen Fellpflege in *Die Herde*).

Mit seiner Körpersprache, der Sprache der Bewegungen und Reaktionen, zeigt das Pferd während des Abtastens, ob vielleicht eine schmerzende Stelle in der Sattellage, am Widerrist oder in der Halsgegend vorliegt. Es zeigt uns durch Ausschlagen, Rückwärts- oder Seitwärtstreten, Muskelanspannen deutlich seinen Unwillen und sagt uns damit, daß etwas nicht stimmt. Pferde, die sich nicht gerne auf den Rücken fassen lassen und sogar zu zittern beginnen, sagen damit, daß der ganze Rücken weh tut. Die meisten Pferde mögen es nicht, wenn man sie am Kopf anfaßt. Wir Menschen mögen es ja nicht, wenn uns Fremde im Gesicht herumfummeln. Erst Menschen, denen wir vertrauen und die wir gerne haben, gestatten wir es, uns im Gesicht zu berühren. Ebenso geht es dem Pferd. Erst wenn es den Menschen kennt und ihm vertraut, mag es die Berührung seiner Hände an den Ohren, den Augen, Lippen und Nüstern. Ist diese Vertrauensbasis erst einmal hergestellt, dann ist das Pferd darauf vorbereitet, sich anfassen zu lassen, wenn zum Beispiel das Raspeln der Zähne bevorsteht oder eine Wurmkur verabreicht wird.

Was ist der Tellington-Touch?

Der Tellington-Touch ist eine Form der Berührung von Körper, Kopf und Fell. Er orientiert sich an den Lehren von Dr. Feldenkrais. Ziel ist es, mit sanftesten Berührungen Gehirnzellen zu aktivieren und damit neue Nervenimpulse auszulösen. Damit sollen Gesundheit, Leistung und Selbstsicherheit des Pferdes verbessert werden und das Verständnis zwischen Mensch und Pferd erhöht werden. Daher ist es wichtig, daß der Reiter oder Besitzer die Übungen selber durchführt. Neben den auf Feldenkrais basierenden Körperberührungen kommen auch einige leicht zu erlernende Akupressur-Anwendungen und eine der in der Mongolei seit Jahrhunderten erprobten Chua-Ka-Bewegungen zum Einsatz.

Wie die Behandlung mit dem Tellington-Touch im einzelnen aussieht, kann man in dem Buch *Die Tellington-Methode: So erzieht man sein Pferd* von Ursula Bruns und Linda Tellington-Jones nachlesen. Zusammenfassend läßt sich sagen, daß dieser Methode zur Beeinflussung von Pferden folgende Überlegungen zugrunde liegen: Jede Reaktion, wie zum Beispiel das Erschrecken, ist das Ergebnis einer Kette von Ursachen und Wirkungen. Das Gehirn befiehlt bei Erschrecken die Flucht. Die Bewegungen der Hände auf dem Pferdekörper sollen diesen Ablauf beeinflussen, indem sie dem Gehirn neue, nicht gewohnheitsmäßige Signale übermitteln. Das Gehirn soll diese Signale in nicht gewohnheitsmäßige Nervenimpulse und Reaktionen umsetzen. Ziel dieser Beeinflussung ist es, das Pferd zu lehren, seinen angeborenen Fluchtinstinkt zu überwinden und ihn durch Vertrauen zu ersetzen. Ferner sollen Verspannungen im Pferdekörper entdeckt und gelöst werden. Mit dem Touch wird eine nonverbale Kommunikation zwischen Pferd und Mensch hergestellt und dem Pferd mehr Selbstsicherheit gegeben.

Bodenarbeit

Ein weiteres Moment der Tellington-Methode ist die Arbeit am Boden, T.E.A.M. (»Tellington-Jones-Equine-Awareness-Movement«) genannt, in der Übersetzung etwa »Bewegungen und Übungen nach Tellington-Jones, die das Pferd sich seiner selbst bewußter machen«. Lektionen am Boden helfen dem Pferd, seine Balance zu finden, langsamer, bedachter zu werden und den Fluchtinstinkt zu unterdrücken. Die Übungen sind so gestaffelt, daß die Pferde vom Einfachen zum Schwierigen geführt werden. Der Gehorsam wird verbessert, so daß das Pferd auf das leiseste Zeichen hin sofort stehenbleibt. Die Balance und Fähigkeit zur Biegung werden verbessert, weil die Pferde durch einen Irrgarten von Stangen und Tonnen geführt werden. Die Lernwilligkeit und Lernfähigkeit des Pferdes erfahren eine dramatische Veränderung.

Laut Bea Borelle, einer von Linda Tellington-Jones ausgebildeten T.E.A.M.-Trainerin, ist die oberste Devise bei allen Lektionen, daß sich das Pferd in den Übungen seiner selbst bewußt wird. Hierbei gilt das Prinzip der kleinen Schritte. Wird ein Ausbildungsschritt nicht erfüllt, setzt man beim vorherigen Schritt wieder neu an. Somit gibt man laut Borelle dem Pferd die Freiheit zu »eigenen Entscheidungen zum richtigen Zeitpunkt«. Die erste Übung, die dem Pferd abverlangt wird, ist absolutes Stillstehen, was in völligem Gegensatz zu seiner Natur steht. Das Pferd ist ein Bewegungstier, das ständig kleine Schritte macht. Als Fluchttier dreht es stets den Kopf, um mögliche Gefahren zu erkennen. Als Herdentier möchte es engen Kontakt herstellen durch Reiben, Schnuppern und Rupfen. Also ist es für das Pferd vollkommen widernatürlich, von seinen Freunden weggeholt und angebunden zu werden und dann auch noch stillstehen zu müssen, was es normalerweise nur tut, wenn es sich ausruhen will.

Gelingt diese erste Lektion und wird sie vom Pferd akzeptiert, ist ein großer Schritt in Richtung Erziehung getan. Bei der Arbeit am Boden ist die Körperhaltung des Ausbilders von größter Wichtigkeit. Alle Positionen, die er bewußt einnimmt, werden innerhalb des T.E.A.M.-Systems Körpersprache genannt. Das Pferd soll die Veränderungen in der Körperhaltung des Ausbilders als Sprache erkennen, die ihm sagt, was es tun soll. Geht der Ausbilder beim Führen ganz gerade neben dem Pferd her, signalisiert er, daß es das gleiche tun soll. Wenn der Ausbilder mit einer überlegten Bewegung seinen Körper halbschräg vor den Pferdekopf bringt, wobei die äußere Hüfte und Schulter nach innen geführt werden, signalisiert das dem Pferd anzuhalten. Beim richtigen Führen geht der Mensch neben der Pferdenase. Er hat das Pferd im Blick und das Pferd ihn. Oft beobachtet man, daß Pferde bei der Schulter geführt werden. Hierbei hat das Pferd zuviel Vorsprung, wenn es plötzlich wegspringen möchte. Das kann den Führenden in Gefahr bringen. Das Tier wird nach rechts in die Volte geführt, damit es den Menschen nicht einkreisen kann, um ranghöher zu werden. Laut Linda Tellington-Jones werden Pferde durch unsere eigenen Bewegungen viel mehr beeinflußt als wir denken. »Sie neigen dazu, uns nachzuahmen und widerzuspiegeln, deshalb achte man stets darauf, genügend Abstand zwischen dem eigenen Körper und seinem zu halten, damit es ausreichend Beobachtungsraum hat.«

Bea Borelle

Bei einer von Bea Borelle geleiteten T.E.A.M.-Demonstration konnten wir beobachten, wie sie es innerhalb kürzester Zeit schaffte, ein Pferd über große weiße Plastikplanen zu führen. Das Pferd hatte große Angst vor den Planen, alle Muskeln und Sinne waren auf Flucht eingestellt. Beim Führen des Pferdes machte Frau Borelle immer wieder Stehpausen. Sie dienen der Entspannung und Beruhigung. Langsam wurde das Pferd an die »gefährlichen Planen« herangeführt. Sie waren zunächst V-förmig angeordnet. Mit viel Ruhe und Geduld, dazwischen immer wieder Stehpausen, führte sie das Pferd durch die Planen. Schließlich überlappten sich diese immer mehr, bis das V fast verschwand. Durch Beschnobern, also Beschnuppern mit den Nüstern, wird sich ein Pferd immer von der Ungefährlichkeit eines Objektes überzeugen wollen. So ist es bei einem solchen Scheutraining überaus wichtig, den Kopf des Pferdes nach unten zu bringen, damit es Nasenkontakt aufnehmen kann. Ein nervöses oder unsicheres Tier wird den Kopf hochwerfen und die Flucht ergreifen. Durch unsere Körpersprache, d.h. tiefes Hinabbeugen und Herunternehmen des Kopfes, signalisieren wir dem Pferd, uns nachzuahmen. Wir können auch Futter oder Leckerlis auf die Plane streuen, bis wir das Pferd dazu bringen, über eine Plastikfolie zu laufen, ohne zu erschrecken.

Ganz wichtig bei jeder Übung ist die Einstellung des Trainers. Wenn er davon überzeugt ist, daß sein Pferd die Aufgabe bewältigen kann, so zeigt sich diese Einstellung in seiner Körperhaltung und Ausstrahlung. Genau diese Sprache versteht jedes Pferd.

Glossar

• •

Equus	lat. Das Pferd
Flehmen	Eine besondere Art der Geruchsaufnahme, wobei Kopf und Hals nach oben gereckt, die Oberlippe gerümpft und die geschlossenen Zähne sichtbar werden. In dieser Haltung wird das Jakobssche Organ, welches sich am oberen Gaumendach befindet, erreicht.
Hinterhand	Die hinteren Gliedmaßen des Pferdes.
Koppen	Das Koppen gehört zu den Untugenden des Pferdes. Es spannt die Halsmuskulatur an und saugt mit einem rülpsenden Ton – dem Kopperton – Luft in die Luftröhre.
Kötenhaare	Kötenhaare, auch Kötenzöpfe genannt, befinden sich am hinteren Fesselkopfgelenk. Diese Haare sind länger als die normale Körperbehaarung.
Paddock	Eingezäunter Pferdeauslauf.
Passage	Eine besondere ausdrucksstarke Trabform des Pferdes.
Piaffe	Ausdrucksstarkes Traben auf der Stelle.
Raufutter	Heu und Futterstroh. Raufutter zeichnet sich durch geringen Wassergehalt und hohen Strukturreichtum aus.
schenkel-weichartig	Das Pferd weicht dem jeweils treibenden Schenkel des Reiters und tritt dabei seitwärts.

Steigen	Figur aus dem Hengstkampf. Das Pferd steht dabei aufrecht auf den Hinterbeinen.
Untertreten	Die Hinterbeine des Pferdes werden aktiviert und treten vermehrt unter den Schwerpunkt.
Vorhand	Die vorderen Gliedmaßen des Pferdes.
Weben	Gehört wie das Koppen zu den Untugenden des Pferdes. Es tritt dabei pendelnd von einem Vorderbein auf das andere.
Widerrist	Der Widerrist ist eine ausgeprägte Wölbung zwischen dem Hals und dem Rücken des Pferdes. An ihm wird auch die Größe (Stockmaß) gemessen. Er wird gebildet aus langen, möglichst schräg nach hinten liegenden Dornfortsätzen.

Quellenverzeichnis

Morris, Desmond: Horsewatching. Die Körpersprache des Pferdes. Sein Wesen. Sein Verhalten. München 1998.

Zeeb, Klaus: Die Natur des Pferdes. Beobachtungen eines Verhaltensforschers. Stuttgart 1998.

Bruns, Ursula, Tellington-Jones, Linda: Die Tellington-Methode. So erzieht man sein Pferd. 8. Auflage Cham 1993.

Hempfling, Klaus Ferdinand: Mit Pferden tanzen. Versammeltes Reiten am losen Zügel. Vertraute Harmonie von Anfang an. Stuttgart 1993.

Deutsche Reiterliche Vereinigung e.V.: Richtlinien für Reiten und Fahren. Band 4. Haltung, Fütterung, Gesundheit und Zucht. Warendorf 1997.

Molcho, Samy: Körpersprache. München 1983

Draper, Judith: Das Beste Reader's Digest. Das Große Buch der Pferde und Ponys. Rassen. Sport. Haltung. Pflege. Stuttgart 1997.

Volf, Jiri: Das Urwildpferd. Die neue Brehm-Bücherei. Magdeburg 1996.

Zeeb, Klaus: Pferde dressiert von Fredy Knie. Eine Verhaltensstudie. Hamburg 1975.

Tellington-Jones, Linda, Taylor, Sybil: Die Persönlichkeit Ihres Pferdes. Die Kunst, Charakter und Temperament Ihres Pferdes zu bestimmen und positiv zu beeinflussen. Stuttgart 1995.

Pourtavaf, Ariane, Meyer, Herbert: Die Brücke zwischen Mensch und Pferd. Verständigung. Auseinandersetzung. Zusammenarbeit. Warendorf 1998.

Zeitschriften:

Stern. Heft Nr. 44, Hamburg, 22. 10. 1998: Geliebter Gaul. Deutschland im Hippo-Rausch: Der Kult ums Pferd.

Cavallo. Das Magazin für aktives Reiten. Heft Nr. 8, August 1996: Die Pferdeflüsterer. Was Reiter von ihnen lernen können.

Cavallo. Heft Nr. 1, 1999: Über das Kälteempfinden der Pferde.

St. Georg. Das große Magazin rund um den Pferdesport. Heft Nr. 2, Februar 1999: Wenn das Pferd den Aufstand probt …

St. Georg. Heft Nr. 3, März 1999: Hengste richtig aufziehen.

St. Georg. Heft Nr. 1, Januar 1999: Verhalten. Zarte und andere Bande.

Pegasus. Das Pferdemagazin für den anspruchsvollen Freizeitreiter. Heft Nr. 1, 1999: Sonderjournal. Wildpferde.

Reiter Revue 11/98: Pferde richtig motivieren. Lust auf Leistung.

Focus. Das moderne Nachrichten-Magazin. Heft 11/1999: Im 7. Pferde-Himmel. Eine Reportage über die weltgrößte Messe rund um Roß und Reiter.

Reiter Revue 3/99: Wildpferde. Kampf ums Überleben.

Kontaktadressen

Das Wisentgehege des
Niedersächsischen Forstamtes Saupark
D-31832 Springe
Tel.: 05041-5828
Parelli Natural Horsemanship PNH-Agentur
Brückenstr. 21
D-29308 Meißendorf
Tel.: 05056-941000

Zirkus Charles Knie
Funktelefon: 0172-2157860

Bea Borelle c/o Heidrun Kalkofen
Neue Str. 68
D-29640 Schneverdingen
Tel./Fax.: 05193-3347

Dr. Susanne Weihrauch St. Hippolyt
Im Grund 52
D-36110 Schlitz
Tel.: 06642-96060

Deutsche Reiterliche Vereinigung e. V. (FN)
Freiherr-von-Langen-Str. 13
D-48231 Warendorf
Tel.: 02581-6362/240

Dieses Buch zeigt dem Laien, wie er sein Pferd oder Pony mit Naturheilmitteln behandeln kann und dadurch gefährlichen Nebenwirkungen aus dem Weg geht. Anhand von Beispielen aus der Praxis wird der erfolgreiche Einsatz von Naturheilmitteln belegt.

Aus dem Inhalt: Augenkrankheiten – Fütterung und Verdauung – Herz und Kreislauf – Erkrankungen der Atemwege – Fohlenkrankheiten – Hautleiden und Parasiten.

Walter Salomon ist diplomierter Tierheilpraktiker und Mitarbeiter der Gesellschaft für Tierheilpraktiker in Gelsenkirchen.

Walter Salomon

Naturheilkunde für Pferde

Krankheiten erkennen und sanft behandeln

TB 20633-8

248 Seiten

Barbara Dimmick
Die Pferdezauberin
Roman
TB 27660-3
416 Seiten

Natalie Baxter ist noch sehr jung, als sie ihren Vater, ihre Tante und ihre geliebte Schwester verliert. Seitdem ist ihr Leben nicht mehr dasselbe. Auf der Flucht vor ihren eigenen Gefühlen reist sie als Reitlehrerin rastlos von Farm zu Farm. Bis sie auf ein heruntergekommenes Gestüt in Pennsylvania gelangt. Durch den sonderbaren Besitzer Pierce und ihre Liebe zu dem ungewöhnlichen Hengst Twister gelingt es ihr, ihre Vergangenheit zu bewältigen und den Schritt in ein neues Leben zu wagen.

»Eine nachdenkliche, behutsam und mit viel Freiraum für die Empfindungen des Lesers erzählte Geschichte.«
Süddeutsche Zeitung